Kochgelegenheit in einer Hütte

Band 466

OutdoorHandbuch

Michael Hennemann

Vegetarisch kochen

Einfache Rezepte für unterwegs

Vegetarisch kochen

Alle Informationen, schriftlich und zeichnerisch, wurden nach bestem Wissen zusammengestellt und überprüft. Sie waren korrekt zum Zeitpunkt der Recherche. Eine Garantie für den Inhalt, z. B. die immerwährende Richtigkeit von Preisen, Adressen, Telefonnummern sowie Internetadressen, Zeit- und sonstigen Angaben, kann naturgemäß von Verlag und Autor – auch im Sinne der Produkthaftung – nicht übernommen werden.

Der Autor und der Verlag sind für Lesertipps und Verbesserungen (besonders per E-Mail) unter Angabe der Auflagen- und Seitennummer dankbar.

Dieses OutdoorHandbuch hat 160 Seiten mit 121 farbigen Abbildungen. Es wurde auf chlorfrei gebleichtem, FSC®-zertifiziertem Papier gedruckt, in Deutschland klimaneutral hergestellt und transportiert und wegen der größeren Strapazierfähigkeit mit PUR-Kleber gebunden.

FSC
www.fsc.org
MIX
Papier aus verantwortungsvollen Quellen
FSC® C009051

Klimaneutral
Druckprodukt
ClimatePartner.com/10951-2108-1003

Dieses Buch ist im Buchhandel und in Outdoor-Läden erhältlich und kann im Internet oder direkt beim Verlag bestellt werden.

OutdoorHandbuch aus der Reihe „Basiswissen für draußen", Band 466

ISBN 978-3-86686-674-4 1. Auflage 2021

Text & Fotos: Michael Hennemann
Lektorat & Layout: Anna-Lena Ebner

Gesamtherstellung: gutenberg beuys feindruckerei

Dieses OutdoorHandbuch wurde konzipiert und redaktionell erstellt vom:

Conrad Stein Verlag GmbH,
Kiefernstr. 6, 59514 Welver,
☎ 023 84/96 39 12,
info@conrad-stein-verlag.de,
www.conrad-stein-verlag.de

Besuchen Sie uns bei Facebook & Instagram:

www.facebook.com/outdoorverlag

www.instagram.com/outdoorverlag

Titelfoto: Übernachtung im Zelt bei einer Trekkingtour auf dem Kungsleden

Inhalt

Einleitung

Erdnuss-Schoko-Energieriegel
(Rezept ☞ S. 134)

Essen hält bekanntermaßen Leib und Seele zusammen. Das gilt erst recht, wenn man eine anstrengende Wanderetappe in den Beinen hat, viele Kilometer mit dem Rad unterwegs war oder eine ordentliche Strecke mit dem Kanu gepaddelt ist. Dann ist der Appetit besonders groß.

Gerade bei längeren Touren geht es aber nicht ausschließlich darum, lediglich die durch die körperliche Anstrengung verbrauchten Kalorien wieder nachzufüllen. Auch wenn ich auf meinen Touren durchaus schon Menschen getroffen habe, die sich, ohne darüber zu klagen, wochenlang von Gemüsebrühe mit Couscous ernährt haben, so sollte das Essen aus meiner Sicht nicht nur satt machen, sondern auch gut schmecken.

Wenn Sie das genauso sehen, hilft Ihnen diese Rezeptsammlung dabei, etwas Abwechslung auf den Speiseplan Ihrer nächsten Outdoorreise zu bringen. Versammelt sind meine persönlichen Outdoor-Lieblingsrezepte, die sich auf den unterschiedlichsten Wander-, Rad- und Paddeltouren in nah und fern während der zurückliegenden 20 Jahre bewährt haben.

Sie zeichnen sich zum einen durch kurze Garzeiten aus, die sparsam mit den knappen Brennstoffressourcen umgehen, zum anderen ist der überwiegende Teil der verwendeten Zutaten ohne großen Aufwand in jedem (größeren) Supermarkt erhältlich.

Mangels Kühlschrank kommen für die Outdoorküche nur Lebensmittel infrage, die auch ungekühlt haltbar sind. Zusätzlich sollten die Zutaten möglichst leicht sein und nicht zu viel Platz im Gepäck beanspruchen. Trotz der begrenzten Auswahl an Zutaten und der Beschränkung auf das Kochen mit nur einer Flamme lassen sich in der Outdoorküche durchaus leckere und abwechslungsreiche Gerichte zubereiten.

Dabei fallen die Voraussetzungen ganz unterschiedlich aus, je nachdem wie und wo man unterwegs ist. Bei einer Kanutour spielt das vergleichsweise hohe Gewicht von Konserven keine so entscheidende Rolle. Mit dem Fahrrad dagegen ist man flexibler bei der Verproviantierung und ein Abstecher zum Supermarkt, um frisches Gemüse einzukaufen, ist selbst dann keine große Hürde, wenn die Fahrt dorthin einen Umweg von fünf Kilometern bedeutet. Bei einer längeren Trekkingtour durchs skandinavische Fjäll oder andere abgelegene Regionen, bei denen sich tagelang keine Einkaufsmöglichkeit bietet, führt dagegen schon rein aus Gewichtsgründen kaum ein Weg an dehydrierter Nahrung vorbei. Und nach einer besonders fordernden Gebirgsetappe werden ohnehin nur die wenigsten noch große Lust verspüren, ausgiebig den Kochlöffel zu schwenken.

Umgekehrt freut man sich gerade auf solchen Touren, bei denen man sich tagelang von vorgekochten und dehydrierten Trekkinggerichten ernähren muss, die nur mit heißem Wasser übergossen zu werden brauchen, wenn sich hin und wieder die Gelegenheit ergibt, „richtig" zu kochen, z. B. bei einer Übernachtung in der Hütte oder wenn eine Ortschaft mit Einkaufsladen passiert wird.

Ob Tierwohl, Umweltschutz oder Gesundheitsaspekte: Gute Gründe, die für eine vegetarische oder gar vegane Ernährung sprechen, gibt es einige. Dieses Buch möchte aber niemanden belehren oder bekehren, sondern aufzeigen, wie sich auch Draußen ohne Fleisch einfach, abwechslungsreich und vor allem lecker kochen lässt. Ich hoffe, ich habe eine ausgewogene Mischung an Rezepten gefunden, die den unterschiedlichen Ansprüchen und Geschmäckern gerecht werden. Welches ist Ihr Lieblingsrezept?

Die Ausstattung für die Outdoorküche

Kochen mit Stirnlampe

THE
NORTH
FACE

Auf den folgenden Seiten finden Sie ein paar grundlegende Überlegungen zur notwendigen Ausstattung der Outdoorküche. Einen Kaufratgeber für den leichtesten, besten und schnellsten Kocher finden Sie aber nicht, denn in diesem Buch stehen die Rezepte im Vordergrund.

Kriterien für die Kocherwahl

Das Angebot an kompakten Campingkochern ist groß. Ein wichtiges Unterscheidungsmerkmal zwischen den einzelnen Modellen ist der jeweils verwendete Brennstoff. Benzinkocher bieten den höchsten Heizwert und Brennstoffnachschub gibt es praktisch in jedem Winkel der Welt. Allerdings muss das Benzin für die Verbrennung unter Druck gesetzt werden und beim Vorheizen entsteht oft eine beeindruckend hohe Stichflamme, die Benzinkocher für den Einsatz in der Zeltapsis disqualifiziert.

Das sogenannte Vorheizen erwärmt das Benzin auf die Verdampfungstemperatur

Das Nonplusultra in Sachen Brennstoffversorgung stellen Mehrstoff- oder Multifuelkocher dar. Dank unterschiedlicher Düsen bzw. Generatoren können sie neben Benzin auch Petroleum, Diesel oder Heizöl verbrennen.

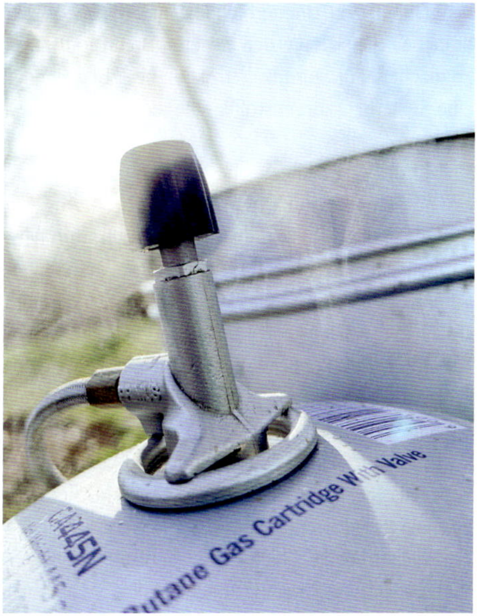

Bei Gaskochern lässt sich die Flamme gut regulieren

Einen recht hohen Heizwert bieten Gaskocher. Deren Stärken liegen in der einfachen Handhabung, ihrer sauberen Verbrennung sowie einer guten Regulierbarkeit der Flammengröße. Allerdings nimmt bei geringer Temperatur oder in großer Höhe die Leistung ab.

Auch Spirituskocher zeichnen sich durch eine unkomplizierte Bedienung und eine sehr zuverlässige Funktion aus. Falls es draußen einmal regnet oder stürmt, kann man mit einem Spirituskocher – die entsprechende Vorsicht vorausgesetzt, versteht sich – auch gefahrlos im Vorzelt kochen. Allerdings ist der Heizwert gering, sodass man auf längeren Touren eine große Menge Spiritus mitführen muss. Ein weiterer Schwachpunkt ist die kaum zu regulierende, aber immer stark rußende Flamme.

Verfügbarkeit der Brennstoffe

Eine wichtige Rolle bei der Kocherauswahl spielt neben dem Heizwert auch die Verfügbarkeit des jeweiligen Brennstoffes am Reiseziel. Benzin bekommt man im Notfall an jeder Tankstelle, die Beschaffung einer passenden Gaskartusche oder von Spiritus dagegen gerät je nach Land schnell zu einer Odyssee durch die Läden oder bleibt gänzlich aussichtslos.

Bei Gaskochern kommt erschwerend hinzu, dass es die Gaskartuschen mit unterschiedlichen Anschlüssen gibt, die zu allem Überfluss nicht untereinander kompatibel sind. Immerhin: Haben Sie die passende Gaskartusche gefunden, brauchen Sie sich um den sicheren Brennstofftransport keine weiteren Gedanken zu machen. Für Spiritus, Petroleum oder Benzin dagegen benötigen Sie zwingend eine Sicherheits-Brennstoffflasche aus dem Outdoorfachhandel, die nicht auslaufen kann.

Mit der Auswahl eines bestimmten Gaskochers legen Sie sich automatisch auf ein bestimmtes Gaskartuschensystem fest. Angeboten werden Stechkartuschen sowie Bajonettventil- und Schraubventilkartuschen. Daher sollten Sie bei der Kaufentscheidung Ihres Kochers auch darauf achten, dass die passenden Kartuschen in den von Ihnen favorisierten Reiseländern erhältlich sind. Stechkartuschen stellen die einfachste Form dar. Sie verfügen über keinen Verschluss und beim Aufsetzen des Kochers durchsticht ein Dorn die Metallhülle. Stechkartuschen müssen daher bis zur vollständigen Entleerung dauerhaft am Kocher montiert bleiben.

Praktischer in der Handhabung sind Ventilkartuschen, die mit einem Bajonettverschluss ausgestattet sind. So können Kocher und Kartusche für den Transport auseinandergenommen werden. In weiten Teilen Mittel- und Südeuropas gut erhältlich sind die Stech- und Ventilkartuschen der Firma Campingaz. Auf der Website 💻 www.campingaz.com/gasfinder kann man nach Händlern in der Nähe suchen.

Die dritte Kartuschen-Ausführung sind Schraubkartuschen mit einem selbstdichtenden Sicherheitsventil und einem international genormten Gewinde, welches es ermöglicht, den Kocher jederzeit an- und abzuschrauben. Schraubkartuschen sind besonders in Skandinavien weit verbreitet und nicht nur an praktisch jeder Tankstelle erhältlich, sondern beispielsweise auch in den Shops der schwedischen Fjällstationen. In Deutschland bekommt man Schraubkartuschen in Outdoor- und Campingläden sowie auch in dem einen oder anderen Baumarkt.

Beim Kauf der Gaskartusche muss man aber nicht nur auf das richtige Anschlusssystem, sondern je nachdem, wo und zu welcher Jahreszeit man unterwegs ist, auch auf die Art der Füllung achten, da es spezielle Gasmischungen für niedrige Temperaturen gibt. Am weitesten verbreitet sind reine Butanfüllungen. Da reines Butan allerdings im Gebirge und bei Minustemperaturen deutlich an Heizleistung einbüßt, sind im Handel auch spezielle Wintergaskartuschen erhältlich, die mit einer Mischung aus 60 % Butan und 40 % Propan befüllt sind.

Leicht und kompakt: All-in-one-Kocher

Kocher für jeden Anspruch

Mein klarer Favorit für gemäßigte Touren in (Nord-)Europa sind Gaskocher. Dabei kommen je nach Tourenart hauptsächlich zwei unterschiedliche Modelle zum Einsatz. Für mehrtägige Trekkingtouren mit Minimalgepäck ist es der All-in-one-Kocher Primus Lite+. Weitere vergleichbare Systemkocher sind z. B. Jetboil Flash, Jetboil MiniMo oder MSR Reactor. Bei diesen Geräten sind Brenner, Topf und Windschutz perfekt aufeinander abgestimmt. Beim Kochen bilden Topf und Brenner eine Einheit, da sie durch einen Bajonettverschluss fest miteinander verbunden sind, und für den Transport können alle Komponenten (inklusive einer kleinen 100-g-Schraubkartusche) im Topf verstaut werden. Neben geringem Gewicht und kompaktem Packmaß begeistern die All-in-one-Systemkocher durch einen hohen Wirkungsgrad. Sie eignen sich in erster Linie, um Wasser schnell und mit möglichst geringem Gasverbrauch zum Kochen zu bringen, und sind daher perfekt, um sich am Morgen Tee-/Kaffeewasser zu kochen sowie dehydrierte Trekkingmahlzeiten zuzubereiten, die nur mit heißem Wasser aufgegossen werden müssen. Auch einfache Instantgerichte wie Asia-Nudeln oder Kartoffelbrei bekommt man damit hin, nur aufwändiges Kochen oder gar Braten sind nicht möglich.

Bin ich dagegen mit dem Kanu oder Rad unterwegs oder kommt es bei einer kurzen Wochenendwanderung nicht auf das letzte Gramm Gewicht an, dann schlägt mein Herz nach wie vor für den beinahe schon legendären Trangia-Sturmkocher, der mir seit Jahrzehnten treue Dienste leistet. Statt des klassischen Spiritusbrenners nutze ich ihn allerdings inzwischen mit dem separat erhältlichen Gasbrennereinsatz.

Kocher von Trangia

Diese Kombination bietet gleich eine ganze Reihe von Vorteilen. Man hat damit eine komplette Outdoorküche im Rucksack, die bei kompakten Packmaßen zwei Töpfe, eine Pfanne und einen wirkungsvollen Windschutz beinhaltet. Dank des Gasbrenners entfällt aber das Hantieren mit Spiritus (trotz aller Vorsicht ist früher regelmäßig beim Transport Spiritus aus dem Brenner gelaufen und damit war das Essen im wahrsten Sinne des Wortes „vergällt") und die Flamme lässt sich sehr genau regulieren.

Besteck, Geschirr und weiteres Zubehör

Ob Salatschüssel aus Edelstahl, Pfannenwender zum Klappen oder Minigewürzstreuer als Schlüsselanhänger – im Outdoorfachhandel gibt es viele mehr oder weniger sinnvolle Dinge für die die Draußen-Küche.

Sicherlich kann das eine oder andere Küchengadget durchaus den Spaßfaktor erhöhen, erst recht, wenn für die Wanderung am Wochenende viel Platz im Rucksack ist oder ein paar Gramm mehr im Gepäck keine so entscheidende Rolle spielen, z. B. bei einer Kanutour übers Wochenende.

Bei einer mehrtägigen Trekkingtour dagegen gilt für die Küchenausstattung der gleiche Grundsatz wie für die restliche Ausrüstung: Weniger ist mehr! Es ergibt wenig Sinn, einen kompletten Küchenhausstand mitzuschleppen, und Sie sollten sich grundsätzlich im Voraus Gedanken darüber machen, was Sie unterwegs wirklich benötigen. So habe ich zum Beispiel noch während keiner Tour einen separaten Wasserkessel vermisst, denn das Kaffee- und Teewasser lässt sich genauso gut im Topf erhitzen.

Kochset

Achten Sie beim Kauf eines Outdoorkochsets darauf, dass es zwar leicht, aber dennoch robust ist. Während das Material bei den Töpfen nach meiner Erfahrung keine so entscheidende Rolle spielt, sollten Sie bei der

Pfanne in jedem Fall zu einem Modell mit einer Antihaftbeschichtung greifen, auch wenn das Material kratzempfindlicher ist. Die einfache Aluminiumpfanne des Trangia-Sturmkochers dagegen taugt nur als Topfdeckel. Der Versuch, damit zu braten, ist dagegen von vornherein zum Scheitern verurteilt. Egal, wie viel Öl Sie auch hineingeben, der Pfannkuchen wird garantiert anbrennen.

Minimalistinnen und Minimalisten essen direkt aus dem Topf. Das funktioniert aber allenfalls, wenn man maximal zu zweit unterwegs ist und sich gut kennt. Ansonsten brauchen alle Mitreisende zumindest einen eigenen Teller oder besser eine Schüssel, aus der man auch das Müsli am Morgen löffeln kann.

Göffel bzw. Spork

Ein besonders vielseitiger Klassiker ist der sogenannte „Berghaferl“, ein etwa 300 ml fassender, ovaler Napf mit kurzem Griff. Er wird aus robustem Hartplastik hergestellt und ist für ein paar Euro in praktisch jedem Outdoorladen erhältlich. Der Berghaferl dient sowohl als Trinkgefäß als auch als Müslitopf und kann dank einer 50-ml-Skala auch zum Abmessen von Mengen genutzt werden.

Um Gewicht und Platz im Rucksack zu sparen, lässt sich das Essbesteck auf einen „Göffel“, auch „Spork“ genannt, reduzieren. Dieser clevere Hybrid kombiniert Gabel und Löffel (bzw. *spoon* und *fork* im

Englischen) in nur einem Essbesteck und wird in den unterschiedlichsten Ausführungen und Materialien angeboten, vom günstigen, hitzebeständigen Kunststoff über Bambus bis zur extrarobusten Titaniumausführung.

Bei vielen Modellen ist eine der Gabelseite oftmals als kleine gezackte Kante ausgeführt, damit sich festere Nahrung in mundgerechte Stücke teilen lässt. Um frisches Gemüse klein zu schnippeln, reicht diese „Klinge" selbstverständlich nicht aus, aber ein kleines Multifunktions-Taschenmesser gehört ja ohnehin zur Grundausstattung. Wer auf Dosenöffner und die weiteren Funktionen verzichtet kann, greift alternativ zu einem kleinen, leichten Opinel-Klappmesser.

Ein Praxistipps aus eigener schmerzlicher Erfahrung: Denken Sie unbedingt daran, ein Feuerzeug einzupacken (gilt auch als Backup für Kocher mit integrierter Piezo-Zündung). Ansonsten bleibt die Küche kalt!

Nalgene-Flaschen und -Gewürzstreuer

Zusätzlich zum Essgeschirr werden noch eine Wasserflasche (oder je nach Region und Gruppengröße ein faltbarer Wassersack zum Transport von größeren Mengen) und Aufbewahrungsmöglichkeiten für Öl, Milchpulver und Gewürze benötigt.

Bewährt für diese Transportaufgabe haben sich Weithalsbehälter (so fällt das Befüllen leichter) aus leichtem, aber unzerbrechlichem und lebensmittelechtem sowie geschmacksneutralem Kunststoff („Nalgene") mit einem dichtschließenden Schraubdeckel. So kann der Inhalt nicht auslaufen und das restliche Gepäck verkleben. Die runden Flaschen werden in den unterschiedlichsten Größen von wenigen Millilitern bis zu einem Liter angeboten und lassen sich problemlos wiederverwenden. Ihr einziger Nachteil: Das Volumen ist fix und sie beanspruchen auch dann noch viel Platz im Rucksack, wenn sie schon fast leer sind.

Abwiegen ohne Waage

Da man in der Draußen-Küche selten eine Waage zur Hand hat, werden die Zutaten nicht abgewogen, sondern abgemessen.

Bei abgepackten Waren wie Nudeln oder Reis kann man sich gut an den Gewichtsangaben auf den Verpackungen orientieren. So entspricht z. B. eine 125-g-Portion Nudeln einem Viertel des Inhalts einer 500-g-Packung. Keine Sorge, dass funktioniert in der Praxis recht gut nach Augenmaß, denn bei den meisten Gerichten kommt es nicht so genau darauf an, ob nun ein paar Gramm mehr oder weniger von einer bestimmten Zutat im Topf landen.

Als Messbecher hat sich auf vielen Touren der klassische Berghaferl bewährt, der dank 50-ml-Füllmarken ein sehr präzises Abmessen einzelner Zutaten ermöglicht:

125 g Reis = ⅔ Berghaferl (ca. 200 ml)
125 g Nudeln = 1 gut gefüllter Berghaferl (ca. 350 ml)
100 g Couscous = ½ Berghaferl (ca. 150 ml)
100 g Mehl = ⅔ Berghaferl (ca. 200 ml)

Lebensmittel für die Draußen-Küche

Getrocknete Lebensmittel sind leicht und haltbar

Der Proviant für eine Rad-, Kanu- oder Wandertour sollte im Wesentlichen vier grundlegende Anforderungen erfüllen. So sollten die verwendeten Lebensmittel:

1. auch ohne Kühlung haltbar sein,
2. ein gutes Verhältnis von Nährwerten zu Gewicht aufweisen,
3. sich klein verpacken lassen und
4. möglichst kurze Garzeiten haben, um Brennstoff zu sparen.

Leider wird nicht jedes Lebensmittel diesen z. T. widersprüchlichen Ansprüchen gerecht. So sind Konserven zwar schnell zubereitet, aber auch schwer, da zu einem großen Teil Flüssigkeit enthalten ist. Eine Tütenfertigsuppe aus dem Supermarkt dagegen ist zwar leicht und nimmt kaum Platz im Rucksack weg, liefert aber nicht genug Energie, damit man auch am nächsten Tag wieder voll durchstarten kann.

Nudeln

Nudeln mit Tomatensauce sind nicht nur als Kinderteller beim schwedischen Möbelhaus, sondern auch in der Trekking- und Campingküche sehr beliebt. Die

Teigwaren aus Hartweizengrieß oder Mehl, Wasser und mitunter auch Ei stehen in den unterschiedlichsten Varianten von kurz bis lang, von dünn bis dick, geringelt, gefächert oder auch in Muschelform in den Supermarktregalen und es gibt sie bereits gefüllt, z. B. als Tortellini oder Ravioli.

Nudeln eignen sich gleich in vielerlei Hinsicht ausgesprochen gut für die Trekkingküche: Sie sind ein klassischer Sattmacher mit hohem Brennwert, einfach zubereitet und die getrocknet in der Tüte verkauften Nudeln halten sich problemlos ohne Kühlung, selbst wenn sie einen Eianteil enthalten.

Darüber hinaus sorgt das große Angebot an verschiedenen Pastasorten und die Kombinationsmöglichkeit mit den unterschiedlichen Beilagen und Saucen für viel Abwechslung im Kochtopf – von Asia-Bratnudeln bis Zitronengras-Spaghetti.

Gerade auf längeren Touren, bei denen gut mit dem Brennstoff gehaushaltet werden muss, empfehlen sich Nudelvarianten mit kurzer Kochzeit. Besonders hervorzuheben sind hier die asiatischen Mie-Nudeln aus Weizenmehl. Das gepresste und getrocknete Nudel-Knäuel braucht einfach nur mit heißem Wasser übergossen zu werden und muss dann etwa 3-4 Minuten ziehen. Aber auch traditionelle Hartweizengrieß-Nudelsorten sind mit kurzer Kochzeit erhältlich. Sehr gut geeignet sind z. B. die sehr dünnen, spaghettiähnlichen Capellini mit einer Kochzeit von nur 3 Minuten oder die Mini-Formen von Farfalle, Penne Rigate oder Pipe Rigate der Firma Barilla mit einer Kochzeit von 6 Minuten.

Nudeln erfordern für die Zubereitung allerdings vergleichsweise viel Wasser. Als Faustregel werden etwa 1,5 Liter für 150 g Nudeln benötigt. Zur Not geht es aber mit weniger. Im Normalfall wird dabei zunächst etwas Salz ins Wasser gegeben und das Wasser zum Kochen gebracht, dann werden die Nudeln zugegeben und entsprechend der auf der Packung angegebenen Garzeit gekocht. Währenddessen das Umrühren nicht vergessen, damit die Nudeln nicht zusammenklumpen.

Um etwas Brennstoff zu sparen, kann man die Flamme auch etwa 2 Minuten vor dem Ende der eigentlichen Kochzeit ausstellen und die Nudeln dann im heißen Wasser fertig ziehen lassen, bevor man sie abgießt.

Im Extremfall können die Nudeln sogar bereits ins kalte Wasser gegeben werden. Dann kochen Sie Wasser auf und lassen die Nudeln anschließend im heißen Wasser fertig ziehen. Das Ergebnis ist zwar eher matschig als al dente, aber wenn der Brennstoff knapp wird, ist das unterwegs durchaus vertretbar.

i Energie pro 100 g Nudeln aus Hartweizengrieß (ungekocht): ca. 350 kcal

Ebly

Ebly ist der Markenname für einen geschälten und vorgekochten Hartweizen, der im Geschmack an eine kernige Nudel erinnert. Er ist lose oder im Kochbeutel erhältlich und die Garzeit beträgt 10 Minuten. Eine prima Alternative zu Nudeln und Reis.

Ebly

Reis

Reis bietet ein ähnlich gutes Kalorien-zu-Gewichts-Verhältnis wie Pasta und bringt Abwechslung auf den Speiseplan. Prädestiniert für unterwegs ist Langkornreis, der schön locker und körnig bleibt. Weniger gut geeignet ist Reis im Kochbeutel, da zu dessen Zubereitung viel mehr Wasser gekocht werden muss, als eigentlich benötigt wird. Für die minimale Wassermenge, die ausreicht, damit der Reis ausreichend aufquellen kann, dosiert man zwei Teile Wasser auf einen Teil Reis.

Die kürzeste Kochzeit haben weiße, geschälte Reissorten. Rekordverdächtig sind die dann immer noch erforderlichen 15 Minuten aber nicht gerade. Schneller und mit geringerem Brennstoffverbrauch lässt sich Parboiled-Reis zubereiten. Dabei handelt es sich nicht, wie oft fälschlicherweise vermutet, um eine eigene Reissorte, sondern um ein spezielles Herstellungsverfahren. Dazu wird der rohe Reis nach dem Einweichen mit Wasserdampf und Druck vorgekocht und anschließend getrocknet, geschält und poliert. So verkürzt sich die Garzeit auf 5 Minuten oder sogar weniger.

Beispiele für Reissorten aus dem Supermarkt mit besonders kurzer Garzeit sind z. B.:

- www.wurzener.de/produktwelt/kurzkoch-reis
- www.reis-fit.de
- www.unclebens.de (Uncle Ben's Express Reis)

Energie pro 100 g Parboiled-Reis (ungegart): ca. 350 kcal

Bulgur/Couscous

Bulgur ist vor allem in der orientalischen Küche weit verbreitet, erfreut sich aber auch hierzulande steigender Beliebtheit und ist in der Trekkingküche eine tolle Alternative zu Nudel- oder Reisgerichten.

Bei der Herstellung wird das Hartweizenschrot ähnlich dem Parboiled-Verfahren beim Reis zunächst eingeweicht, dann dampfgegart und anschließend getrocknet. Da Bulgur schon während der Herstellung gedämpft wird, braucht er vor dem Verzehr nur noch eingeweicht zu werden. Das funktioniert sogar mit kaltem Wasser, allerdings muss der Bulgur dann am besten über Nacht für 8-12 Stunden quellen. Übergießt man den Bulgur dagegen mit heißem Wasser, so braucht man nur 20 Minuten zu warten.

Durch das Quellen wächst das Volumen des Bulgurs um das Zwei- bis Dreifache. Als Faustregel gilt für eine Portion die Menge von drei Esslöffeln, die mit etwa der doppelten Menge Wasser übergossen werden.

Geschmacklich sehr ähnlich ist Couscous. Dabei handelt es sich um vorgegarten Grieß aus Hartweizen oder Hafer (Letzterer daher glutenfrei). Traditionell wird Couscous über kochendem Wasser gedämpft. Bei uns in Supermarkt oder Asia-Laden wird aber praktisch ausschließlich Instant-Couscous angeboten, der nur noch in heißem Wasser aufquellen muss. Couscous eignet sich im Übrigen nicht nur als Grundlage für eine deftige Hauptspeise, sondern auch hervorragend für süße Aufläufe.

ℹ Energie pro 100 g Bulgur/Couscous (ungegart): ca. 340 kcal

Polenta

Polenta ist ein Maisgrieß, der mit Wasser oder Milch zubereitet werden kann und sich vielfältig einsetzen lässt. Herkömmliche Polenta muss etwa 1 Stunde köcheln und dabei ständig umgerührt werden. Für den Einsatz in der Trekkingküche kommt daher nur vorgegarter Maisgrieß infrage, der nur noch 15-20 Minuten kochen muss.

ℹ Energie pro 100 g Polenta (ungegart): ca. 350 kcal

Kartoffelbrei (Pulver)

Instant-Kartoffelbrei hat keinen guten Ruf und kommt echten Gourmets im wahrsten Sinne des Wortes nicht in die Tüte. In der Tat muss man keine versierte Gastrokritikerin oder kein versierter Gastrokritiker sein, um zu erkennen, dass zwischen einem selbst zubereiteten Kartoffelpüree aus frisch gekochten Kartoffeln und dem Kartoffelpüreepulver aus der Tüte Welten liegen. Angesichts des Gewichts frischer Kartoffeln und der Garzeit von um die 20 Minuten ist Selbststampfen beim Kochen auf einer Trekkingtour aber keine echte Alternative.

Instant-Kartoffelbrei dagegen erfüllt alle Anforderungen für die Trekkingküche mit Bravour. Er ist nahrhaft und zugleich schnell zubereitet. Man muss einfach Wasser und Milch zum Kochen bringen, das Kartoffelpüreepulver einrühren und mit etwas Butter oder Öl und Gewürzen aufpeppen. Greifen Sie im Supermarkt am besten zu einem Produkt, dass nur mit Wasser zubereitet werden kann, ansonsten benötigen Sie zusätzlich ☞ Milchpulver.

ℹ Energie pro 100 g Instant-Kartoffelbrei („Pfanni Kartoffelpüree – Das Komplette"): ca. 360 kcal

Rote Linsen

Rote Linsen werden bereits geschält verkauft und sind daher deutlich schneller gar als andere Linsensorten. Sie brauchen nicht eingeweicht zu werden und sind in etwa 15 Minuten zu einer breiartigen Konsistenz eingekocht, die sich ideal als Grundlage für deftige Eintöpfe eignet.

i Energie pro 100 g rote Linsen (roh): ca. 370 kcal

Käse mit auf Tour nehmen

Leider eignet sich Käse nur sehr eingeschränkt als Proviant für Mehrtagestouren und bereitet aufgrund seiner Wärmeanfälligkeit insbesondere im Sommer bei hohen Temperaturen Probleme. Vergleichsweise unkompliziert sind Hartkäsesorten wie Alter Cheddar, Parmesan oder Gruyère, die sich bei moderaten Temperaturen auch bis zu einer Woche lang ungekühlt halten. In der kühleren Jahreszeit bzw. in kühleren Klimazonen funktioniert auch Emmentaler recht gut.

Uneingeschränkt ohne Kühlung haltbar sind dagegen die verschiedenen Schmelz- und Schmierkäsevarianten, die sowohl als Scheiben, in der Plastikbox als auch als einzeln in Stanniolpapier verpackte Ecken angeboten werden.

Getrockneter, geriebener Hartkäse ist ohne Kühlung lange haltbar

Getrocknete Pilze

Dehydrierte Nahrungsmittel

Als Ergänzung für die zuvor genannten, grundlegenden „Sattmacher", die in jedem Supermarkt ohne Probleme erhältlich sind, kommen vor allem dehydrierte Nahrungsmittel infrage. Diesen Lebensmitteln wurde die Flüssigkeit entzogen, um sie haltbarer zu machen. Dass sich gleichzeitig das Volumen verringert und man weniger Gewicht mit sich herumschleppen muss, ist ein willkommener Nebeneffekt.

Während man zumindest in größeren Supermärkten eine umfangreiche Auswahl an gedörrtem Obst findet, das lange haltbar und wesentlich leichter als frisches Obst ist, beschränkt sich das Angebot an (gefrier-)getrockneten Lebensmitteln hierzulande auf Tomaten, Pilze, Zwiebeln, Suppengemüse und (Mager-)Milchpulver.

Eipulver oder Quellgemüse ist dagegen im Supermarkt kaum zu bekommen und nur bei Outdoorausrüstern oder Spezialanbietern im Internet erhältlich (☞ einige geeignete Bezugsquellen finden Sie im Anhang).

☺ Eine gute Möglichkeit, um die Auswahl der Zutaten deutlich zu erweitern, stellt das ☞ Dörren von Lebensmitteln dar.

Milchpulver

Trinkmilch besteht zu annähernd 90 % aus Wasser und einmal angebrochen ist selbst H-Milch ungekühlt nach wenigen Stunden sauer. Zum Mitnehmen ist daher Milchpulver ungemein praktisch. Es ist nicht nur einfach zu transportieren, sondern auch ungekühlt lange haltbar.

Zur Herstellung wird der flüssigen Milch durch Sprüh- oder Walzentrocknung das Wasser entzogen. Ein Liter trinkfertige Milch wiegt in Pulverform nur etwa 80 g und ist nach dem Einrühren in die entsprechende Menge an Wasser sofort wieder trinkfertig bzw. kann wie Milch zum Kochen verwendet werden.

In den meisten Supermärkten ist allerdings (wenn überhaupt) nur Magermilchpulver mit einem Fettgehalt von 1,5 % erhältlich. Vollmilchpulver mit einem deutlich höheren Fettgehalt von um die 25 % (das somit auch deutlich mehr Kalorien liefert) ist dagegen nur bei Outdoorausrüstern oder im Backzubehörhandel über das Internet erhältlich.

Als Alternative bei veganer Ernährung können Sie im Biomarkt nach Sojamilchpulver Ausschau halten. In Asia-Läden außerdem recht häufig zu finden ist Kokosmilchpulver.

Volleipulver

Für die Rucksackküche ähnlich praktisch wie Milchpulver ist Volleipulver. Es wird aus ganzen Eiern hergestellt und eignet sich zu Zubereitung der meisten Eierspeisen wie Rührei, Omelette oder Pfannkuchen – nur Spiegelei lässt sich damit natürlich nicht braten.

Bratreis hergestellt mit Volleipulver (Rezept ☞ S. 73)

Eine vegane Alternative, die sich zwar nicht für Rührei, aber gut für Pfannkuchen eignet, ist Eierersatz, der auch in Drogeriemärkten oder Reformhäusern angeboten wird.

Gewürze

Zwar eröffnen Gewürze vielfältige Möglichkeiten zum Verfeinern der Speisen, allerdings muss das umfangreiche Gewürzregal leider zu Hause bleiben. Eine sinnvolle Grundausstattung, mit der man unterwegs durchaus gut klarkommt, umfasst neben Salz und Pfeffer auch einen Kräutermix. Je nach persönlichem Geschmack können dann noch Chiliflocken, Paprikapulver oder Curry ergänzt werden. Sehr vielseitig einsetzbar ist auch Gemüsebrühe, die sowohl in Würfelform als auch lose als Pulver im Glas angeboten wird.

Fett to go

Fett wird nicht nur zum Braten benötigt, sondern eignet sich auch hervorragend, um Speisen aufzuwerten und ihnen ein paar zusätzliche Kalorien zu spendieren. Je nach Geschmack kann man sich für Raps- oder Olivenöl entscheiden und in der benötigten Menge in eine kleine Schraubplastikflasche abfüllen.

Butter ist dagegen gerade im Sommer nicht optimal. Wer unterwegs trotzdem nicht auf den typischen Buttergeschmack verzichten möchte, kann zu Albaöl greifen. Diese Rapsölzubereitung aus Schweden kommt mit feinem Butteraroma und schmeckt sogar dünn aufs Bannock gepinselt richtig lecker.

Wie viele Kalorien braucht man unterwegs?

Wie im Alltag sollte die Ernährung auch während einer Trekking-, Kanu- oder Radtour selbstverständlich möglichst ausgewogenen sein. Nichtsdestotrotz muss die Nahrung in erster Linie ausreichend Energie liefern. Auch wenn ein moderater Outdoortrip nicht unbedingt mit Hochleistungssport gleichzusetzen ist, so beschleunigt die körperliche Anstrengung beim Wandern, Radfahren oder Paddeln den Stoffwechsel doch enorm.

Die in einem Nahrungsmittel enthaltene Energie wird in Kalorien oder Joule angegeben. Dabei gilt:

- ▷ 1 Kalorie (cal) = 4,18 Joule (J)
- ▷ 1 Kilojoule (kJ) = 0,24 Kilokalorien (kcal)

Während im (Büro-)Alltag etwa 2.000 kcal täglich völlig ausreichen und die meisten von uns eher darauf achten, nicht zu viel zu essen, ändert sich das Bild schlagartig, sobald man einen schweren Rucksack schultert und Tag für Tag 20 km oder mehr damit durch zum Teil bergiges Gelände läuft.

Die genaue Anzahl der benötigten Kalorienmenge lässt sich kaum allgemeingültig beziffern. Faktoren, die eine Rolle spielen, sind u. a. die Art der Tour, die Geländebeschaffenheit, die Klimazone sowie auch die Jahreszeit. Und natürlich unterscheidet sich der Kalorienverbrauch je nach Alter, Gewicht, Kondition, Körpergröße und Geschlecht.

Als ganz grober Richtwert steigt der Kalorienverbrauch bei einer gemäßigten Trekkingtour auf rund 3.000-4.000 kcal pro Tag. Also beinahe eine Verdoppelung im Vergleich zum Arbeitsalltag im Büro! Im Winter oder bei besonders bergigem Geländeprofil werden sogar deutlich mehr Kalorien verbrannt.

Bei Tageswanderungen oder kürzeren Touren stellt der höhere Kalorienverbrauch kein größeres Problem dar, da man sich ja einfach vor oder nach der Tour „den Bauch vollschlagen" kann. Bei mehrtägigen und erst recht mehrwöchigen Touren muss man dagegen schon darauf achten, sich mit ausreichend Kalorien zu versorgen, und gerade bei Touren, auf denen man zwischendurch für längere Zeit keinen Proviantnachschub einkaufen kann, gilt es, den Spagat zwischen Nährwert und Gewicht der Lebensmittel hinzubekommen.

BIO
SOEHNLE

Trekkingnahrung selbst dörren

Die meisten Lebensmittel bestehen zu einem Großteil aus Wasser. Beim Dörren wird ihnen diese Feuchtigkeit entzogen. So sind die Lebensmittel nicht nur länger haltbar, sondern verlieren sowohl an Gewicht als auch an Volumen, nicht aber an Geschmack und Nährstoffen.

Gedörrtes Gemüse für cremigen Pesto-Kartoffelbrei (Rezept ☞ S. 128)

Die Methode, Lebensmittel durch Trocknen zu konservieren, war schon in der Antike bekannt und in den warmen Regionen des Mittelmeerraums wurden die Lebensmittel einfach mehrere Tage zum Trocknen in die Sonne gelegt.

Im Prinzip lassen sich Gemüse und andere Lebensmittel in der Küche ohne weitere Hilfsmittel in einem normalen Backofen trocknen. Am besten funktioniert das mit Umluft und leicht geöffneter Ofentür, damit die Feuchtigkeit entweichen kann. Angesichts der langen Trockenzeiten ist dieses Verfahren aber eine ziemliche Energieverschwendung und wer regelmäßig Mehrtagestouren unternimmt und seinen Proviant selbst dörren möchte, für den macht sich schnell ein spezieller Dörrautomat (gibt es ab etwa € 45) bezahlt.

Diese Geräte bestehen aus mehreren übereinandergestapelten Gitterrosten. Wie bei einem Föhn wird Luft durch eine elektrische Heizspirale erhitzt und mit

einem Gebläse im Gerät verteilt. Die warme Luft strömt über das Dörrgut und entzieht den Lebensmitteln so die Feuchtigkeit.

Die Benutzung ist denkbar einfach: Nachdem die Lebensmittel auf den Kunststoffgittern verteilt sind, brauchen nur noch die gewünschte Zeit (typischerweise zwischen 5 und 15 Stunden) und Temperatur (in der Regel zwischen 30 und 70° C) eingestellt zu werden.

Es können sowohl komplette Speisen als auch einzelne Zutaten gedörrt werden und grundsätzlich ist jedes Nahrungsmittel geeignet. Problematisch sind lediglich besonders fetthaltige Speisen, da diese auch im getrockneten Zustand leicht ranzig werden.

Obst und Gemüse dagegen lassen sich prima dörren. Neben frischem Gemüse funktioniert auch Tiefkühlgemüse (kann direkt im gefrorenen Zustand auf die Gitter gelegt werden) oder Gemüse aus der Dose.

Der Fantasie sind kaum Grenzen gesetzt und ein Dörrautomat hebt die Verpflegungsmöglichkeiten für Mehrtagestouren auf ein ganz neues Level. Sie wünschen sich eine fruchtige Marmelade für das Frühstück im Zelt? Dann trocknen Sie einfach Himbeeren (oder eine andere Frucht) im Dörrautomaten und mahlen das Fruchtleder anschließend zu einem feinen Pulver. Unterwegs brauchen Sie dieses Fruchtpulver dann nur noch mit ein wenig Wasser anrühren und fertig ist der leckere Fruchtbelag fürs Brot oder Brötchen.

Für eine optimale Haltbarkeit müssen die gedörrten Lebensmittel anschließend möglichst luftdicht verpackt werden, z. B. in Zipper-Gefrierbeuteln. Mit einem Vakkumiergerät lässt sich die Haltbarkeit noch weiter steigern.

Beispiele für Dörrzeiten

Präzise Vorgaben für die richtige Temperatur und erforderliche Trockendauer lassen sich nur schwer treffen und sind neben dem Feuchtigkeitsgehalt der Lebensmittel und der Größe des Dörrguts auch vom jeweiligen Gerät abhängig. Als Anhaltspunkt können Sie sich an der folgenden Tabelle orientieren.

Lebensmittel	**Vorbereitung**	**Temperatur**	**Dauer**	**Ergebnis**
Apfel	Kerngehäuse entfernen und in Scheiben schneiden	50° C	8-10 Std.	lederartige Ringe
Banane	Schale entfernen, in ca. 0,5 cm dicke Scheiben schneiden	60° C	13-15 Std.	knusprige Chips
Paprika	waschen, Kerngehäuse entfernen und in etwa 1 x 1 cm große Würfel schneiden	55° C	6-8 Std.	gummiartig
Möhren	schälen, in münzdicke Scheiben schneiden und etwa 5 Minuten dünsten	60° C	8-10 Std.	gummiartig
Tiefkühlgemüse	direkt aus der Packung auf dem Trockengitter verteilen	55° C	11-13 Std.	knusprig
Kidneybohnen aus der Dose	Flüssigkeit abgießen und Bohnen waschen	60° C	10-12 Std.	knusprig

Praxistipps fürs Dörren

- Legen Sie die Trockengitter mit Backpapier aus, um feuchte Lebensmittel zu trocknen, die ansonsten ankleben oder sogar durchtropfen würden.
- Schneiden bzw. raspeln Sie das Dörrgut so klein und fein wie möglich. So trocknet es nicht nur leichter, sondern nimmt anschließend beim Rehydrieren auch schneller wieder Wasser auf.
- Wählen Sie die Temperatur nicht zu hoch, sonst werden die Lebensmittel eher gegart als getrocknet.
- Wiegen Sie das Gemüse vor und nach dem Trocknen ab. So wissen Sie in etwa, welche Wassermenge Sie beim Kochen benötigen, damit das Dörrgut rehydrieren kann.
- Vergessen Sie nicht, die Tüten mit den getrockneten Lebensmitteln oder fertig abgepackten Mahlzeiten mit Datum, Inhalt und Angabe zur benötigten Wassermenge zu beschriften.

Chili sin Carne (Rezept ☞ S. 51)

Rezepte mit frischen Zutaten (oder schweren Konserven)

Eine ganz entscheidende Rolle für die Frage, was man unterwegs überhaupt kochen kann, spielt die Tourenart. Daher lauten die wichtigsten Punkt bei der Proviantplanung: Wo geht es hin und wie lange bin ich unterwegs?

Der Platz im Wanderrucksack ist beschränkt und man ist unterwegs früher oder später auf Einkaufsmöglichkeiten am Wegesrand angewiesen. Mit dem Rad ist man dagegen etwas flexibler und oft ist am Abend ein kurzer Abstecher zum nächsten Supermarkt möglich, sodass man auch mit frischen Zutaten kochen kann.

Im Kanu wiederum ist man zwar bei den Einkaufsmöglichkeiten insofern eingeschränkt, dass der Supermarkt möglichst nicht zu weit vom Ufer entfernt sein sollte, dafür ist die Zuladungskapazität deutlich größer und auch schwere Konserven fallen weniger ins Gewicht.

Proviantverkauf an einer schwedischen Fjällstuga (Berghütte)

Spaghetti mit Tomate und Avocado

Avocado, Salz und Pfeffer sowie Zitronensaft – fertig ist die leckere Guacamole. Der typisch mexikanische Avocado-Dip passt aber nicht nur hervorragend zu Tortilla-Chips, sondern ergibt auch eine ganz vorzügliche, cremige Pastasauce mit einer besonders frischen Note.

Zubereitung:

1,2 l Wasser
125 g Capellini oder Spaghetti
1 reife Avocado
10 Kirschtomaten
Saft von ½ Zitrone
Knoblauchpulver
Salz
Pfeffer

ℹ **Nährwert:** ca. 934 kcal/500 g, 187 kcal/100 g

Das Wasser zum Kochen bringen und die Pasta entsprechend der Packungsanleitung al dente kochen.

In der Zwischenzeit die Tomaten waschen und vierteln. Die Avocado halbieren und den Kern entfernen. Dann das Fruchtfleisch mit einer Gabel aus der Schale herausschaben und zu einem Brei zerdrücken. Anschließend die Avocadomasse mit dem Saft einer halben Zitrone vermengen und mit Knoblauchpulver, Salz und Pfeffer würzen.

Sobald die Nudeln fertig gekocht sind, das Wasser bis auf einen kleinen Rest abgießen und die Guacamole sowie die geviertelten Tomaten unterrühren.

☺ Soll die Avocado nicht sofort verarbeitet werden, so achten Sie beim Einkauf auf eine harte, d. h. unreife Frucht, die im Rucksack nachreifen kann. Ist eine Avocado erst einmal weich, dann dauert es nicht mehr lange, bis sie verdorben ist.

One-Pot-Penne all'arrabbiata

Chili, Knoblauch, Zwiebel und Tomaten – viel mehr Zutaten braucht es nicht für ein Nudelgericht mit feurig-scharfem Aroma, das die Zunge zum Brennen bringt. In der One-Pot-Variante lässt sich der Klassiker der italienischen Küche für alle, die es unterwegs gerne etwas pikanter mögen, auch problemlos auf nur einer Flamme zubereiten.

Zubereitung:

1 kleine Zwiebel
1 Knoblauchzehe
1 EL Öl
2 EL Tomatenmark
200 g gehackte Tomaten aus der Dose
150 ml Wasser
1 Chilischote
½ EL getrockneter Oregano
1 Prise Zucker
Salz
125 g (= ca. 1 gut gefüllter Berghaferl) Penne
1-2 EL geriebener Parmesan

Nährwert: ca. 555 kcal/413 g, 134 kcal/100 g

Die Zwiebel würfeln und die Knoblauchzehe klein hacken. Das obere Stielende der Chilischote abschneiden, die oberen Kerne mit der Messerspitze entfernen und die überschüssigen Kerne aus der Schote klopfen und zum Schluss die Schote in dünne Ringe schneiden.

Etwas Öl im Topf erhitzen und die Zwiebel sowie den Knoblauch glasig andünsten. Das Tomatenmark kurz mit anschwitzen und mit den gehackten Tomaten und dem Wasser ablöschen. Dann die Chilischotenringe hinzufügen und mit Oregano und einer Prise Zucker abschmecken.

Anschließend die Penne hinzufügen und nach dem Aufkochen entsprechend der auf der Nudelpackung angegebenen Garzeit bei mittlerer Hitze unter gelegentlichem Umrühren fertig köcheln, bis die Flüssigkeit zu einer sämigen Tomatensauce reduziert wurde. Sollte die Flüssigkeit bereits aufgebraucht sein, bevor die Nudeln gar sind, vorsichtig etwas Wasser ergänzen.

Die Nudeln vor dem Essen mit dem geriebenen Parmesan bestreuen.

Chili sin Carne

Chili ist ein herzhafter, scharfer Bohnen-Eintopf, der auch ohne Fleisch gut funktioniert. Das vorgestellte Rezept verwendet Sojahack als Alternative und lässt sich gut auf dem Campingkocher zubereiten. Allerdings wiegen die unterschiedlichen Konserven schwer im Gepäck. Als Proviant für die lange Trekkingtour kann man das Chili aber sehr gut zu Hause vorkochen und anschließend im Backofen oder besser im Dörrautomaten trocknen.

Zubereitung (für 2 Portionen):

40 g Sojahack
1 EL Gemüsebrühe-Pulver
200 ml Wasser
1 Zwiebel
1 rote Chilischote
1 gelbe Paprika
150 g Mais (kleine Dose)
250 g passierte Tomaten
400 g Dose Chilibohnen in scharfer Tomatensauce
¼ EL Kala-Namak-Salz
½ EL getrockneter Majoran
½ EL Knoblauchgranulat
½ EL Paprikapulver rosenscharf
½ EL Pfeffer
½ EL Kreuzkümmel
250 g (= 1 Berghaferl) Reis
500 ml Wasser

Nährwert: ca. 1.710 kcal/1.360 g, 126 kcal/100 g

Zunächst 200 ml Wasser zum Kochen bringen. Dann die Gemüsebrühe sowie das Sojahack einrühren und für 5 Minuten einweichen und quellen lassen.

In der Zwischenzeit die Zwiebel schälen und würfeln, die Paprika entkernen und in Stücke schneiden und die Chilischote in kleine Stücke hacken.

Dann etwas Öl in einem Topf erhitzen und die Zwiebeln glasig dünsten. Soll das Chili anschließend nicht direkt verzehrt, sondern getrocknet werden, so empfiehlt es sich, möglichst einen beschichteten Topf und wenig bzw. besser gar kein Fett zu verwenden.

Nun das überschüssige Wasser vom eingeweichten Sojagranulat abgießen und das Sojahack mit anbraten. Anschließend die Zwiebeln und das Sojahack mit den passierten Tomaten ablöschen und den Mais sowie die Chilibohnen dazugeben. Dann noch die klein geschnittene Paprika und die gehackte Chilischote sowie die Gewürze dazugeben und alles gut verrühren.

Anschließend das Chili bei kleiner Flamme für etwa 15 Minuten köcheln lassen und dabei gelegentlich umrühren. Während das Chili im abgedeckten Topf noch weiter zieht, kann man in einem Topf den Reis mit etwa der doppelten Menge Wasser kochen.

Das Chili für die Tour dehydrieren:

Soll das Chili nicht sofort gegessen werden, sondern anschließend dehydriert werden, so darf es ruhig noch etwas länger köcheln, damit es gut durchzieht und möglichst viel Feuchtigkeit verdampft.

Nach dem Abkühlen kann die Masse auf den mit Backpapier ausgelegten Gittern des Dörrautomaten verteilt und bei 60° C für etwa 12 Stunden getrocknet werden. Nach dem Dörren kann das dehydrierte Chili in Stücke gebrochen und in zwei Portionen luftdicht verpackt werden.

Für die Zubereitung unterwegs wird eine Portion gedörrtes Chili zusammen mit einem halben Berghaferl Reis (ca. 125 g) in 350 ml Wasser eingerührt. Anschließend reicht einmal auf- und dann 10 Minuten bei kleiner Flamme weiter köcheln lassen.

Kartoffelpüree mit Paprika und Lauchzwiebeln

Während Fernsehköchinnen und Fernsehköche sowie Gourmets bei Fertigkartoffelbrei angewidert die Nase rümpfen, freut man sich auf einer Tour über das geringe Gewicht und die einfache Zubereitung. Sicherlich kann das viel gescholtene Pulver einem frisch aus Kartoffeln zubereiteten Kartoffelbrei nicht im Ansatz das Wasser reichen, aber kombiniert mit knackig-frischer Paprika und würzigen Lauchzwiebeln zaubert es doch eine leckere Abwechslung auf den Tourenspeiseplan.

Zubereitung:

1 Packung (= 3 Portionen) Instant-Kartoffelbrei
1 rote Paprika
2-3 Lauchzwiebeln
2 EL Butter oder Albaöl
Chiliflocken
Salz
Pfeffer
500 ml Wasser

Nährwert: ca. 620 kcal/370 g, 168 kcal/100 g

500 ml Wasser zum Kochen aufsetzen. Währenddessen die Paprika waschen, entkernen und in Würfel schneiden. Die klein geschnittenen Paprikastücke etwa nach der Hälfte der Kochzeit mit in das Wasser geben und die Lauchzwiebel in Ringe schneiden.

Sobald das Wasser kocht, den Kocher abstellen und das Instant-Kartoffelpulver einrühren. Dann das Albaöl oder die Butter sowie die Lauchzwiebeln untermengen und alles mit Chiliflocken, Salz und Pfeffer abschmecken.

☺ Besonders einfach gestaltet sich die Zubereitung mit Instant-Kartoffelpüree, welches nur mit Wasser angerührt werden muss (z. B. „Das Komplette“ von Pfanni). Falls Sie nur Kartoffelpüreepulver zur Hand haben, das mit Wasser und Milch zubereitet werden muss, können Sie Letztere natürlich durch Milchpulver ersetzen.

Kichererbsen, Rote Bete und Räuchertofu

One Pot geht auch ohne Pasta. Kichererbsen, Rote Bete und Räuchertofu ergänzen sich zu einem schnellen, leckeren Salat, der sowohl kalt als auch warm schmeckt.

Zubereitung:

1 Glas (= ca. 220 g) gewürfelte Rote Bete
1 Packung (= ca. 180 g) verzehrfertige Kichererbsen
1 Packung (= ca. 185 g) Räuchertofu
Salz, Pfeffer

Nährwert: ca. 680 kcal/585 g, 116 kcal/100 g

Den Räuchertofu würfeln und mit den Kichererbsen und den Roten Beten vermischen.

Das Ganze mit Salz und Pfeffer abschmecken und entweder sofort kalt als Salat genießen oder vor dem Essen warm machen.

Mediterrane One-Pot-Pasta mit getrockneten Tomaten und Oliven

Wenig Aufwand, viel Geschmack. Mit getrockneten Tomaten und Oliven gelingt eine aromatische One-Pot-Pasta quasi im Handumdrehen bzw. genauer gesagt im Kochlöffelumrühren.

Zubereitung:

1 EL Öl

1 Zwiebel

125 g (= ca. 1 gut gefüllter Berghaferl) Spirelli-Nudeln

25 g (= ca. 10 Stück) getrocknete Tomaten

50 g (= ca. ⅓ Berghaferl) trocken eingelegte Kräuteroliven

400 ml Wasser

Salz

Pfeffer

getrocknete Kräuter der Provence

10 g (ca. 2 EL) geriebener Hartkäse

Nährwert: Energie 709 kcal/265 g, 268 kcal/100 g

Die Zwiebel fein würfeln und in etwas Öl glasig dünsten. Die getrockneten Tomaten klein schneiden und zusammen mit 400 ml Wasser und den Nudeln mit in den Kopf geben und aufkochen.

In der Zwischenzeit die Oliven halbieren und ebenfalls mit in das Wasser geben und alles bei reduzierter Hitze abgedeckt weiterkochen, bis die gesamte Flüssigkeit aufgenommen wurde und die Nudeln bissfest sind.

Zum Schluss den Topf vom Kocher nehmen und vor dem Essen mit Salz, Pfeffer und Kräutern der Provence abschmecken und mit dem geriebenen Hartkäse bestreuen.

Couscous mit Gurke, Möhre und Limette

Wenn es nicht auf jedes Gramm im Rucksack ankommt, lässt sich Couscous hervorragend mit frischem Gemüse zubereiten. In Kombination mit dem frisch-fruchtigen Aroma einer Limette gelingt so ruck, zuck ein leckeres, vitaminreiches Gericht.

Zubereitung:

100 g (= ca. ½ Berghaferl) Couscous
1 Limette
1 mittelgroße Möhre
1 kleine Salatgurke
ca. 450 ml Wasser
Salz
Pfeffer

Nährwert: ca. 420 kcal/500 g, 84 kcal/100 g

Als Erstes die Limette in der Mitte durchschneiden und beide Hälften komplett über dem Couscous ausdrücken. Den Couscous gut mit dem Limettensaft vermischen.

Anschließend die Möhre schälen und in feine Stücke schneiden. Die Gurke ebenfalls schälen und würfeln.

Die Gemüsestückchen dann mit 450 ml Wasser in einem Topf zum Kochen bringen und den Limettencouscous einrühren.

Den Couscous entsprechend der Angabe auf der Packung zwischen 5 und 10 Minuten ziehen lassen und vor dem Essen mit Salz und Pfeffer abschmecken.

☺ Der Couscous-Gemüsemix schmeckt durchaus auch kalt als Salat. Wer allerdings „warm“ essen möchte, sollte den Topf mit dem Couscous während der Ziehzeit zumindest bei niedrigen Temperaturen mit einer Jacke oder dem Schlafsack vor dem Auskühlen schützen.

Bratnudeln Asiastyle

Asia-Bratnudeln schmecken nicht nur in der Box vom Take-away in der Stadt. Sie sind auch schnell und einfach selbst gemacht und bringen eine würzige Abwechslung auf den Tourenspeiseplan.

Zubereitung der Gewürzmischung (reicht für ca. 3 Portionen):
3 TL Röstzwiebeln
2 TL Gemüsebrühe-Pulver
1 ½ TL Kurkuma
1 ½ TL gemahlener Ingwer
1 ½ TL gemahlener Koriander
1 ½ TL Paprikapulver rosenscharf
1 TL Cayennepfeffer
1 TL Knoblauchgranulat

Die gerösteten Zwiebeln mit einer Gabel zerbröseln. Alle Zutaten mischen und in einem Zipper-Gefrierbeutel aufbewahren.

ℹ Wer sich das Mischen der Gewürze sparen möchte, findet im Supermarkt auch entsprechende Fixprodukte oder fertige Würzmischungen. Außerdem spart man so zusätzlich oft die Mitnahme von Sojasauce für die Zubereitung auf der Tour.

Zubereitung unterwegs (1 Portion):
1 Block (= ca. 85 g) Mie-Nudeln
200 ml Wasser
1 Möhre
1 Bund Lauchzwiebeln
1 EL Öl
3 EL Sojasauce
2 EL der Würzmischung

ℹ **Nährwert:** ca. 606 kcal/365 g, 166 kcal/100 g

Das Wasser zum Kochen bringen. Die Mie-Nudeln zerkleinern und in das Wasser geben. Anschließend einmal umrühren und abgedeckt ziehen lassen.

In der Zwischenzeit die Möhre schälen und in dünne Scheiben schneiden sowie die Lauchzwiebeln putzen und in feine Ringe schneiden.

Das Öl in der Bratpfanne erhitzen und die Möhrenscheiben und die Lauchzwiebelringe anbraten. 2 EL der zu Hause zubereiteten Würzmischung und 3 EL Sojasauce dazugeben und alles gut umrühren.

Die Mie-Nudeln abgießen, falls nach dem Fertigziehen noch Wasser vorhanden sein sollte, und mit in die Pfanne geben.

Alles gut durchrühren und noch etwa 2 Minuten braten.

Karotten-Kohlrabi-Curry mit Ebly

Kohlrabi ist zwar nicht unbedingt ein Gemüse, welches man mit Curry verbindet, in Kombination mit Ebly und Möhren entsteht daraus allerdings in weniger als 15 Minuten ein leckerer, aromatischer Eintopf.

Zubereitung:

½ kleiner Kohlrabi
2-3 kleine Möhren
2 EL Öl
300 ml Wasser
100 ml H-Sahne
2 ½ EL Currypulver
1 EL Gemüsebrühe-Pulver
120 g (=ca. 1 Berghaferl) Ebly

Nährwert: ca. 491 kcal/700 g, 70 kcal/100 g

Den Kohlrabi in der Mitte teilen. Eine Hälfte schälen und in kleine Würfel schneiden. Die Möhre ebenfalls schälen und in dünne Stifte schneiden.

Nun das Öl in einem Topf erhitzen und das Gemüse darin für ca. 1 Minute anschwitzen. Anschließend mit Wasser und Sahne ablöschen und das Currypulver sowie die Gemüsebrühe einrühren und alles zusammen aufkochen.

Abschließend die Flamme reduzieren, das Ebly hinzugeben und alles für etwa 8 Minuten abgedeckt weiter köcheln lassen. Dabei gelegentlich umrühren und nach dem Ende der Kochzeit noch etwa 2-3 Minuten ziehen lassen.

Couscous mit Halloumi und Kräuteroliven

Halloumi ist vor allem als Grillkäse bekannt, da er im Gegensatz zu anderen Käsesorten selbst bei großer Hitze nicht schmilzt. Diese Eigenschaft macht den halbfesten Schnittkäse zu einem vielseitig einsetzbaren Wanderproviant. Zusammen mit würzigen Kräuteroliven passt er zum Beispiel wunderbar zu Couscous.

Zubereitung:

1 EL Öl
1 Zwiebel
1 Knoblauchzehe
450 ml Wasser
115 g (= ½ Stück) Halloumi-Käse
50 g (= ca. ⅓ Berghaferl) trocken eingelegte Kräuteroliven
100 g (= ca. ½ Berghaferl) Instant-Couscous
Salz
Pfeffer

Nährwert: ca. 919 kcal/320 g, 287 kcal/100 g

Die Zwiebel sowie die Knoblauchzehe schälen und in kleine Stücke würfeln. Das Öl im Topf erhitzen und die Zwiebeln mit dem Knoblauch darin glasig dünsten.

Mit dem Wasser ablöschen und dieses zum Kochen bringen. Währenddessen den Halloumi in etwa 0,5 cm große Würfel schneiden und die Oliven halbieren. Die Halloumi-Würfel und die halbierten Oliven mit ins Wasser geben. Sobald das Wasser sprudelnd kocht, die Flamme abstellen und den Couscous einrühren.

Anschließend abgedeckt für ca. 8-10 Minuten ziehen lassen. Dann mit Salz und Pfeffer abschmecken und alles noch einmal gut durchrühren.

Quesadillas

Mit Käse gefüllte Tortillafladen sind quasi die mexikanische Variante des Sandwichs. Sie sind schnell und einfach zubereitet und die Mischung aus Weizenfladen, knackigem Gemüse und geschmolzenem Käse bringt eine wohlschmeckende Abwechslung zu Nudeln, Reis & Co auf den Tourenspeiseplan. Die Weizenfladen lassen sich gut im Rucksack mitnehmen und die kleinere Ausgabe der in Supermärkten angebotenen Varianten passt perfekt in die Pfanne eines Campingkochers.

Zubereitung:

2 Lauchzwiebeln
1 Chilischote
½ Paprika
3 Babybel
2 Tortilla-Wraps/Weizenfladen

Nährwert: ca. 513 kcal/370 g, 139 kcal/100 g

Die Lauchzwiebeln putzen und in Ringe schneiden. Paprika und Chilischote waschen, vom Kerngehäuse befreien und in kleine Stücke schneiden. Zum Schluss die Babybel-Taler fein würfeln und alle Zutaten gut vermischen.

☺ Durch die Verpackung in der weichen, roten Parafinhülle ist der Babybel-Käse auch ungekühlt für bis zu etwa 10 Tage haltbar und eignet sich damit hervorragend als Trekkingproviant. Bei kürzeren Touren oder wenn man vor dem Essen an einem Supermarkt vorbeikommt, kann man die Quesadillas aber natürlich auch mit geriebenem Käse (Tipp: besonders lecker ist eine Mischung aus Gouda und Mozzarella) aus dem Kühlregel zubereiten.

Nun die Pfanne auf den Kocher stellen und auf kleiner Flamme vorheizen. Den ersten Tortillafladen hineinlegen, mit der Käse-Gemüse-Mischung bestreuen und diese auf der gesamten Fläche verteilen.

Den Fladen bei geringer Hitze für etwa 5 Minuten abgedeckt backen, bis der Käse zu schmelzen beginnt. Dabei zwischendurch prüfen und sicherstellen, dass die Unterseite nicht anbrennt, und gegebenenfalls die Flamme reduzieren.

Sobald der Käse schmilzt, alles mit einem zweiten Wrap abdecken und wenden. Das geht am einfachsten, indem man zunächst einen flachen Teller auf die Pfanne legt, den Tortilla-Doppeldecker auf den Teller stürzt und dann umgekehrt zurück in die Pfanne rutschen lässt.

Zum Schluss den Quesadilla kurz für knapp 3 Minuten fertig backen und zum Essen vierteln. Fertig ist das unkomplizierte Trekking-Fingerfood!

☺ Als optimale Ergänzung und für ein paar Kalorien extra bietet sich ein Avocado-Dip an. Bei großem Hunger kann man sich aber natürlich auch einfach einen zweiten Quesadilla genehmigen. Er ist ja schnell zubereitet.

Sojabolognese

Über den Sinn und Unsinn von vegetarischen Fleischalternativen lässt sich trefflich streiten. Unstrittig dagegen: Sojagranulat braucht im Gegensatz zu echtem „Hack“ keinen Kühlschrank und eignet sich damit hervorragend zur Zubereitung des italienisch Spaghetti-Klassikers beim Wandern.

Zubereitung:

50 g feine Sojaschnetzel
½ EL Tomatenmark
½ EL Gemüsebrühe-Pulver
200 ml Wasser
1 EL Öl
1 kleine Zwiebel
1 Knoblauchzehe
250 g passierte Tomaten
1 EL getrocknete Kräuter der Provence
Salz
Pfeffer

125 g (=½ Packung) lange Pasta mit kurzer Kochzeit, z. B. Capellini n. 1
1,5 l Wasser

Nährwert: ca. 749 kcal/500 g, 150 kcal/100 g

200 ml Wasser zum Kochen bringen und die Sojaschnetzel zusammen mit dem Tomatenmark und der Gemüsebrühe einrühren. Anschließend die Sojaschnetzel für etwa 10 Minuten ziehen lassen, bis Flüssigkeit nahezu vollständig aufgenommen wurde.

In der Zwischenzeit die Zwiebel und den Knoblauch schälen und klein würfeln. Das Öl in einem Topf erhitzen und Zwiebel und Knoblauch glasig dünsten. Die eventuell vorhandene, überschüssige Flüssigkeit abgießen und die Sojaschnetzel mit anbraten.

Alles mit den passierten Tomaten ablöschen und mit den Kräutern der Provence, Salz und Pfeffer abschmecken. Die Sojabolognese noch 5 Minuten auf kleiner Flamme weiter köcheln lassen und dann abgedeckt zur Seite stellen.

In einem zweiten Topf das Nudelwasser zum Kochen bringen und die Nudeln entsprechend der angegebenen Garzeit kochen, bis sie bissfest sind. Abschließend das Nudelwasser abgießen und die Sojabolognese darübergeben.

Trocknen der Sojabolognese für die Mitnahme auf eine Trekkingtour:

Die Zubereitung der Sojabolognese ist weder besonders aufwendig noch besonders langwierig. Lediglich das vergleichsweise hohe Gewicht für die Konserve mit den passierten Tomaten disqualifiziert dieses Gericht für eine längere Tour.

Abhilfe schafft einmal mehr der Dörrautomat. Dazu die Sojabolognese nach dem Kochen abkühlen lassen und auf den mit Backpapier ausgelegten Gittern des Dörrautomaten ausstreichen. Dann bei 70° C für etwa 8-10 Stunden trocknen.

So reduziert sich das Gewicht der Sojabolognese auf etwa 150 g und unterwegs kann sie mit etwa 350 ml kochendem Wasser wieder angerührt werden.

Bratreis mit Dosengemüse

Einfach gekocht und ziemlich lecker. Mehr braucht man zu Bratreis eigentlich nicht zu sagen.

Zubereitung:

½ EL Gemüsebrühe-Pulver
120 g (= ca. ⅔ Berghaferl) Reis
1 EL Öl
1 Lauchzwiebel
1 kleine Dose (= 100 g) mexikanischer Gemüsemix
25 g (= ca. 3 EL) Eipulver + 150 ml Wasser (oder zwei frische Eier)
½ EL getrockneter Schnittlauch
Chiliflocken
Salz
Pfeffer

Nährwert: Energie 752 kcal/280 g, 270 kcal/100 g

Den Reis entsprechend der Packungsbeilage mit der Gemüsebrühe kochen und zur Seite stellen.

Die Lauchzwiebel putzen und in Ringe schneiden und den Gemüsemix abtropfen lassen. Das Öl in der Pfanne erhitzen und die Lauchzwiebeln anbraten. Anschließend den Gemüsemix und den Reis hinzufügen und bei mittlerer Hitze für etwa 3 Minuten anbraten.

In der Zwischenzeit das Eipulver mit dem getrockneten Schnittlauch vermischen, mit dem Wasser anrühren und über den Reis-Gemüse-Mix geben.

Mit Salz, Pfeffer und Chiliflocken würzen und unter gelegentlichem Rühren weiterbraten, bis das Ei gestockt ist.

☺ Für die kurze Tour, bei der ein paar Gramm mehr nicht ins Gewicht fallen, kann der Reis schon zu Hause vorgekocht werden. Das spart unterwegs Zeit und Brennstoff.

One-Pot-Pasta mit Kokosmilch

Frisches Gemüse, Curry und Kokosmilch machen diese One-Pot-Pasta zu einem cremigen Vergnügen mit exotischer Note.

Zubereitung:

125 g (= ca. 1 gehäufter Berghaferl) Mini-Farfalle
50 g (= ca. ⅓ Berghaferl) Kokosmilchpulver
1 mittelgroße Möhre
2 Lauchzwiebeln
½ EL Currypulver
½ EL Gemüsebrühe-Pulver
ca. 350 ml Wasser

Nährwert: ca. 989 kcal/300 g, 330 kcal/100 g

Die Möhre schälen und in kleine Stücke schneiden. Die Lauchzwiebeln putzen und in Ringe schneiden.

Alle Zutaten mischen, mit dem Wasser übergießen und aufkochen.

Alles entsprechend der auf der Nudelverpackung angegebenen Garzeit kochen, bis die gesamte Flüssigkeit verkocht ist.

Ebly in scharfer Tomaten-Knoblauch-Sauce

Manchmal ist weniger eben einfach mehr. Tomatenmark und Knoblauch reichen, um mit Ebly eine würzige und aromatische Abwechslung in die Trekkingküche zu bringen.

Zubereitung:

2 EL Öl
1 kleine Zwiebel (oder ca. 2 EL getrocknete Zwiebeln)
3 Knoblauchzehen (oder ca. 3 EL Knoblauchgranulat)
8 EL Tomatenmark
ca. ½ EL Chiliflocken
Salz
Pfeffer
Zucker
130 g (= ca. 1 Berghaferl) Ebly
600 ml (= 2 Berghaferl) Wasser

Nährwert: ca. 775 kcal/340 g, 228 kcal/100 g

Den Knoblauch fein hacken und die Zwiebeln würfeln. Das Öl in der Pfanne erhitzen und die Zwiebeln und den Knoblauch darin anbraten.

Das Tomatenmark, die Gewürze und den Ebly mit dem Wasser dazugeben, aufkochen und für knapp 10 Minuten auf kleiner Flamme fertig köcheln lassen.

One-Pot-Vollkornpenne mit Brokkoli

Mit einer Garzeit von nur etwa 5 Minuten eignet sich Brokkoli perfekt für die schnelle Küche. One-Pot-Pasta mit Brokkoli ist nicht nur im Handumdrehen zubereitet, sondern auch lecker und gesund. Doch damit nicht genug: Da sich die Brokkoliröschen ohne viel Aufwand dörren lassen, lässt sich dieses Rezept auch gut als gewichtsreduzierte Variante für den Proviant auf langen Touren umsetzen.

Zubereitung:

ca. 300 ml Wasser
1 kleiner Kopf (= ca. 250 g) Brokkoli
125 g (= 1 gut gefüllter Berghaferl) Vollkornpenne (oder andere Pasta mit etwa 10 Minuten Garzeit)
4 EL (= ca. 30 g) Milchpulver
½ EL Gemüsebrühe-Pulver
½ EL Knoblauchgranulat
¼ EL gemahlene Muskatnuss
Salz
Pfeffer
optional: gehobelte Mandeln und geriebener Parmesan zum Bestreuen

ℹ **Nährwert:** ca. 674 kcal/405 g, 166 kcal/100 g (ohne Mandeln und Parmesan)

Den Brokkoli waschen und trocken schütteln. Dann rundherum die Röschen vom Stiel abtrennen und zusammen mit den Penne, dem Milchpulver, der Gemüsebrühe, dem Knoblauchgranulat und der gemahlenen Muskatnuss in einen Topf mit etwa 300 ml Wasser geben und aufkochen.

☺ Vollkornnudeln enthalten, da das Mehl aus dem gesamten Korn gemahlen wird, nicht nur mehr Vitamine und Eisen, sondern auch komplexere Kohlenhydrate und mehr Ballaststoffe. Daher machen sie auch länger satt als helle Nudeln aus Weizenmehl.

Anschließend abgedeckt bei kleiner Hitze für etwa 10 Minuten weiter köcheln lassen und gelegentlich umrühren. Falls die Flüssigkeit vollständig aufgenommen wurde, bevor die Nudeln bissfest sind, zwischendurch vorsichtig noch etwas Wasser dazugeben.

Vor dem Essen mit Salz und Pfeffer abschmecken und nach Wunsch mit gehobelten Mandeln und/oder geriebenem Parmesan bestreuen.

Zubereitung mit gedörrtem Brokkoli für längere Touren:

Nährwert: ca. 674 kcal/190 g, 355 kcal/100 g

Aufgrund der einfachen Zubereitung und der kurzen Kochzeit eignet sich dieses One-Pot-Rezept sehr gut für die Zubereitung auf dem Gaskocher. Die Mitnahme von frischem Brokkoli ist allerdings allenfalls bei Tageswanderungen praktikabel. Für den Proviant auf Mehrtagestouren lässt sich Brokkoli allerdings recht einfach dörren. So wird die Haltbarkeit verbessert und das Gewicht reduziert.

Dazu den Brokkoli waschen, die einzelnen Röschen vom Strunk abtrennen und der Länge nach vierteln. Diese dann für ca. 3-4 Minuten in kochendem Wasser mit etwas Salz blanchieren und kalt abspülen, um dem Garvorgang zu unterbrechen. Anschließend werden die Röschen bei 50° C für 8-10 Stunden gedörrt. Das Gewicht von 250 g frischem Brokkoli reduziert sich dabei auf etwa 35 g im gedörrten Zustand.

Für den Transport können dann alle oben genannten Zutaten zusammen mit dem gedörrten Brokkoli in einem Zipper-Gefrierbeutel gemischt werden.

Für die Zubereitung unterwegs braucht diese Brokkoli-Nudel-Gewürzmischung dann nur noch in rund 400 ml Wasser (statt der Wassermenge von 250-300 ml beim Kochen mit frischem Brokkoli) eingerührt, aufgekocht und schließlich bei reduzierter Hitze etwa 10 Minuten fertig gegart zu werden.

One-Pot-Pasta mit Zucchini

Zucchini gehören zum Standardsortiment in der Gemüseabteilung eines jeden Supermarkts und harmonieren mit ihrem leicht nussigen Geschmack gut mit Pasta.

Zubereitung:

ca. 300 ml Wasser
1 Zucchini (= ca. 125 g)
3-4 (= ca. 20 g) getrocknete Tomaten
125 g (=½ Packung) Makkaroni (oder andere Pasta mit etwa 10 Minuten Garzeit)
4 EL (= ca. 30 g) Milchpulver
1 EL getrocknete Kräuter der Provence
½ EL Gemüsebrühe-Pulver
Salz
Pfeffer

Nährwert: ca. 630 kcal/300 g, 210 kcal/100 g

Die Zucchini gründlich waschen, trocken schütteln und in dünne Scheiben schneiden. Die getrockneten Tomaten ebenfalls klein schneiden. Alle Zutaten und Gewürze zusammen mit ca. 300 ml Wasser in einen Topf geben und aufkochen.

Anschließend abgedeckt bei kleiner Hitze für etwa 10 Minuten weiter köcheln lassen und gelegentlich umrühren.

Falls die Flüssigkeit vollständig aufgenommen wurde, bevor die Nudeln bissfest sind, zwischendurch vorsichtig noch etwas Wasser dazugeben.

Zucchini dörren für längere Touren:

Nährwert: ca. 630 kcal/205 g, 307 kcal/100 g

Die Zucchini waschen, trocken tupfen und in dünne Scheiben schneiden. Die Scheiben auf den Gittern des Dörrautomaten verteilen und bei 50° C für ca. 8-10 Stunden trocknen. Das Gewicht einer gedörrten Zucchini beträgt nur etwa 30 g.

Die getrockneten Zucchinischeiben zusammen mit den übrigen Zutaten in einem Zipper-Gefrierbeutel mischen. Unterwegs wird die Zucchinimischung dann in etwa 400 ml Wasser auf- und fertig gekocht.

Omelette im Wrap (Rezept ☞ S. 100)

Rezepte mit haltbaren (und leichten) Zutaten aus dem Supermarkt

Nicht jede Tour hat Expeditionscharakter. Und selbst während einer Langstreckenwanderung, auf der man sich überwiegend von gefriergetrockneter Nahrung ernährt, die nur mit heißem Wasser zubereitet wird, ergibt sich hin und wieder die Möglichkeit, mit Topf und Pfanne zu hantieren. Auf den folgenden Seiten finden Sie eine Auswahl an einfachen Rezepten, die sich unterwegs im Handumdrehen zubereiten lassen und deren Zutaten nicht allzu schwer im Gepäck sind.

Kartoffelbrei mit roten Linsen

Pimp my Kartoffelbrei: Rote Linsen eignen sich prima, um Instant-Kartoffelbrei aufzumöbeln, und die Croutons sorgen für etwas extra Biss.

Zubereitung:

2 EL Öl
50 g (= ca. 5 EL) rote Linsen
650 ml Wasser
1 Packung (= 3 Portionen) Instant-Kartoffelbrei
30 g (= ca. 10 Stück) getrocknete Tomaten
25 g (= 1 Packung) Salat-Croutons
Salz
Pfeffer
getrocknete Petersilie

Nährwert: ca. 847 kcal/220 g, 385 kcal/100 g

Das Öl im Topf erhitzen und die roten Linsen darin kurz anbraten. Mit Wasser ablöschen, dieses zum Kochen bringen und für etwa 3 Minuten bei reduzierter Flamme weiter köcheln lassen.

Anschließend die Flamme löschen und die Linsen für 3 Minuten ziehen lassen und währenddessen die getrockneten Tomaten klein schneiden.

Anschließend das Instant-Kartoffelpüreepulver und die klein geschnittenen Tomaten in den Topf mit den Linsen und dem Wasser einrühren und alles zusammen für weitere 3 Minuten ziehen lassen.

Für den extra Crunch zum Schluss die Salatcroutons unterheben. Nach Geschmack mit Salz und Pfeffer würzen und mit etwas getrockneter Petersilie bestreuen.

Spaghetti aglio e olio

Spaghetti mit Knoblauch und Öl sind ein Klassiker der schnellen, italienischen Küche und so simpel wie genial.

Zubereitung:

125 g (= ½ Packung) Capellini n.1 (nur 3 Minuten Kochzeit) oder Spaghetti
1,5 l Wasser
2 EL Öl
3 frische Knoblauchzehen (oder etwa 1 ½ EL Knoblauchgranulat)
1 kleine Chilischote
Salz
Pfeffer
getrocknete Petersilie

Nährwert: ca. 685 kcal/170 g, 403 kcal/100 g

Die Nudeln entsprechend der Packungsanweisung in kochendem Wasser bissfest garen. Dann das Wasser abgießen und die fertigen Nudeln zur Seite stellen.

Währenddessen den Knoblauch schälen und fein hacken. Die Chilischote waschen, das Kerngehäuse entfernen und ebenfalls in kleine Stücke schneiden.

Das Öl erhitzen und Knoblauch und Chili darin etwa 30 Sekunden anbraten und die gekochten Spaghetti dazugeben.

Alles gut durchmischen, mit Salz und Pfeffer abschmecken und vor dem Essen mit der Petersilie bestreuen.

One-Pot-Mac-and-Cheese mit Schmierkäse

Der US-amerikanische Klassiker Mac and Cheese kommt mit wenigen Zutaten aus und lässt sich in nur einem Topf kochen. Mit ungekühlt haltbarem Schmierkäse und Milchpulver wird er trekkingtauglich. Für eine Tageswanderung ist diese wahre Kalorienbombe definitiv zu mächtig, aber genau das richtige, wenn der Hiker-Hunger auf einer längeren Tour zuschlägt.

Zubereitung:

1 kleine Zwiebel (oder ca. ½ EL Zwiebelgranulat)
1 Knoblauchzehe (oder ca. ½ EL Knoblauchgranulat)
1 EL Öl
1 EL Mehl
450 ml Wasser
2 EL Vollmilchpulver
125 g (= ½ Packung) Makkaroni

50 g (= 2 Ecken) Schmelzkäse (z. B. Gouda oder Pikante)
20 g (= ca. 3 EL) Röstzwiebeln
Salz
Pfeffer

Nährwert: ca. 900 kcal/275 g, 327 kcal/100 g

Die Zwiebel und den Knoblauch schälen und klein schneiden. Das Öl in einem Topf erhitzen, die Zwiebel- und Knoblauchwürfel darin anschwitzen und mit dem Mehl verrühren.

Anschließend Wasser, Milchpulver, Makkaroni und Salz dazugeben, unter Rühren aufkochen und bei reduzierter Hitze entsprechend der auf der Nudelverpackung angegebenen Garzeit köcheln lassen.

Den Kocher abstellen, sobald die Nudeln al dente sind, und die Schmelzkäseecken unterrühren. Mit Salz und Pfeffer abschmecken und vor dem Essen die Röstzwiebeln unterheben.

KeineWurst-One-Pot-Gulasch

Würstchengulasch hat seinen festen Platz in der Campingküche und funktioniert auch mit vegetarischen Würstchen auf Tofu- oder Sojabasis.

Zubereitung:

1 EL Öl
3-4 (= ½ Pckg.) vegetarische Bratwürste (auf Haltbarkeit ohne Kühlung achten)
50 g (= ¼ Tube) Tomatenmark
125 g (= 1 gut gefüllter Berghaferl) Vollkornnudeln
300 ml Wasser
Salz
Pfeffer

Nährwert: ca. 800 kcal/315 g, 254 kcal/100 g

Die Würstchen in Scheiben schneiden und das Fett in der Pfanne erhitzen. Die Würstchenscheiben kurz anbraten, dann das Tomatenmark dazugeben und kurz mit anschwitzen.

Anschließend mit 300 ml Wasser ablöschen, gut durchrühren und die Nudeln dazugeben. Unter Rühren aufkochen und dann auf kleiner Flamme abgedeckt entsprechend der auf der Nudelverpackung angegeben Garzeit weiter köcheln lassen, bis die Sauce zur gewünschten Sämigkeit zusammengesimmert ist. Sollte sich während des Kochens herausstellen, dass die Nudeln noch zu fest sind, kann zwischendurch auch etwas Wasser hinzugefügt werden.

Dal Bhat

Der Linseneintopf Dal Bhat hat seine Wurzeln im Himalaja und ist als preisgünstiges, vegetarisches Alltagsgericht in unterschiedlichen regionalen Varianten im gesamten südasiatischen verbreitet. Bei der Zubereitung mit nur einer Flamme muss zwar etwas mit den beiden Töpfen für Linsen und Reis jongliert werden, aber der Aufwand lohnt sich.

Zubereitung:

100 g (ca. ½ Berghaferl) Basmatireis
ca. 300 ml Wasser
2 EL Öl
1 Zwiebel
1 Knoblauchzehe
80 g (= ca. ⅓ Berghaferl) rote Linsen
ca. 200 ml Wasser
½ EL Gemüsebrühe-Pulver
1 EL indische Gewürzmischung (Garam Masala)
1-2 EL Zitronensaft
Salz
Pfeffer

Nährwert: ca. 850 kcal/260 g, 327 kcal/100 g

Im ersten Topf 300 ml Wasser zum Kochen bringen. Den Basmatireis einstreuen und gut umrühren; dann bei geringer Hitze weiter köcheln lassen.

In der Zwischenzeit die Zwiebel in Würfel schneiden und den Knoblauch klein hacken. Den Topf mit dem Basmatireis von der Flamme nehmen und in einem zweiten Topf 2 EL Öl erhitzen. Die Zwiebeln und den Knoblauch darin anschwitzen, dann die roten Linsen dazugeben und ebenfalls kurz mit anbraten.

Nun das Wasser dazugeben und zum Kochen bringen. Anschließend bei reduzierter Flamme etwa 10 Minuten weiter köcheln lassen. Dabei zwischendurch mehrfach die Töpfe wechseln, damit auch der Reis gar wird.

Sobald Reis und Linsen fertig gekocht sind, 1 EL der indischen Gewürzmischung und den Zitronensaft zu den Linsen geben und unterrühren.

Zum Essen die Linsen über den Reis geben.

☺ In der traditionellen indischen Küche ist das Kochen mit Gewürzmischungen (Masala) weitverbreitet. Die Kombination einer ganzen Reihe fein abgestimmter Gewürze (u.a. Kardamom, Kurkuma, Kreuzkümmel, Koriander und Nelken) garantiert ein raffiniertes Geschmackserlebnis. Perfekt, um den Speiseplan während einer Trekkingtour ohne großen Aufwand aufzulockern!

Polenta-Pizza

Es muss nicht immer Brei sein: Polenta eignet sich auch hervorragend als Boden für eine schnelle Outdoor-Pizza mit getrockneten Tomaten und Parmesan. Und die ist dank der Maisbasis sogar glutenfrei.

Zubereitung:
100 g (= ca. ⅓ Berghaferl) Polenta
½ EL Gemüsebrühe-Pulver
½ EL Knoblauchgranulat
Salz
ca. 500 ml Wasser
20 g (= ca. 5 Stück) getrocknete Tomaten
20 g Tomatenmark
½ Zwiebel
20 g (= ca. 4 EL) geriebener Parmesan
½ EL getrocknetes Basilikum
½ EL getrockneter Oregano

Nährwert: ca. 480 kcal/210 g, 229 kcal/100 g

Das Wasser zum Kochen bringen. In der Zwischenzeit den Maisgrieß mit Knoblauchpulver und Gemüsebrühe vermischen. Die getrockneten Tomaten in einen Becher geben und mit der Hälfte des kochenden Wassers zum Einweichen übergießen.

Den Topf wieder auf die Flamme stellen und die Polenta-Gewürzmischung einstreuen und für etwa 5 Minuten bei kleiner Flamme und unter Rühren zu einem dickflüssigen Brei verkochen. Nun die zähflüssige Masse in der mit Backpapier ausgelegten Pfanne zu einem fingerdicken Teig ausstreichen und auskühlen lassen.

In der Zwischenzeit die Zwiebel schälen und in Ringe schneiden. Das überschüssige Einweichwasser abgießen und die Tomaten in kleine Stücke schneiden.

Den Polenta-Pizzaboden abgedeckt für etwa 10 Minuten auf kleiner Flamme vorbacken. Dann dünn mit Tomatenmark bestreichen und mit den Tomatenstückchen und den Zwiebelringen belegen. Abschließend mit Basilikum, Oregano sowie dem geriebenen Parmesan bestreuen und für etwa 20 Minuten bei kleiner Hitze abgedeckt fertig backen.

Kartoffelbrei mit Sauerkraut

Sauerkraut ist reich an Vitamin C, hat aber kaum Kalorien. Für die Energie sorgen in diesem Fall der Instant-Kartoffelbrei sowie der Schmelzkäse. Eine perfekte Ergänzung zum mild-sauren Geschmack sind frisch in Öl gebratene Zwiebelringe.

Zubereitung:

1 Beutel (= 3 Portionen) Kartoffelpüree („Das Komplette" von Pfanni)
500 ml Wasser
1 Schmelzkäseecke (25 g)
1 Beutel (= 150 g) Sauerkraut
1 Zwiebel
2 EL Öl
½ EL Gemüsebrühe-Pulver
Salz
Pfeffer

Nährwert: ca. 655 kcal/340 g, 193 kcal/100 g

Das Wasser zum Kochen bringen. Dann den Topf von der Flamme nehmen und das Kartoffelpüreepulver einrühren. Nun die Schmelzkäseecke sowie das Sauerkraut dazugeben. Alles gut vermischen, mit Salz und Pfeffer abschmecken und zur Seite stellen.

Die Zwiebel schälen und in dünne Ringe schneiden. Das Öl in der Pfanne erhitzen und die Zwiebelringe kross anbraten, bis sie schön braun sind, und über die Kartoffelbrei-Sauerkraut-Mischung geben.

☺ Sauerkraut lässt sich ganz hervorragend dörren. Dazu das Sauerkraut locker auf dem Gitter des Dörrautomaten verteilen und bei 50° C für etwa 8-10 Stunden trocknen. Das Gewicht einer 400-g-Packung reduziert sich dabei um das Zehnfache auf knapp 40 g!

Omelette im Wrap

Ob als herzhaftes Frühstück vor einer besonders herausfordernden Etappe oder als deftiger Snack in der Mittagspause: Ein saftiges Omelette im Tortilla-Wrap schmeckt eigentlich immer.

Zubereitung:

1 EL Öl

25 g (= ca. 3 EL) Eipulver + ca. 200 ml Wasser (oder zwei frische Eier)

½ EL getrockneter Schnittlauch

Salz

Pfeffer

1 Tortilla-Wrap/Weizenfladen

1 EL Tomatenmark

2 Scheiben Schmelzkäse

Nährwert: ca. 435 kcal/140 g, 311 kcal/100 g

Das Eipulver mit dem getrockneten Schnittlauch und etwa 200 ml Wasser anrühren und nach Geschmack mit Salz und Pfeffer würzen. Das Fett in der Pfanne erhitzen und die Eimasse hineingießen.

Im Zweifelsfall die Flamme lieber etwas kleiner stellen, damit das Omelette nicht in der Mitte anbrennt.

Das Tomatenmark dünn auf einer Seite des Weizenfladens verteilen. Sobald das Ei zu stocken beginnt, den Fladen mit der eingestrichenen Seite auf das Omelette legen und leicht mit dem Pfannenwender oder einer Gabel auf dem Omelette festdrücken.

Nach etwa einer Minute das Omelette aus der Pfanne auf einen Teller stürzen und anschließend mit dem Fladen nach unten zurück in die Pfanne rutschen lassen.

Nun den Käse auf dem Omelette verteilen und abgedeckt weiterbraten, bis der Käse geschmolzen ist.

Das Weizenfladen-Omelette aus der Pfanne nehmen und wie einen Wrap einschlagen und aufrollen.

Herzhafter Couscous mit veganer Chorizo

Im Original handelt es sich bei der aus Südwesteuropa stammenden Chorizo um eine feste, kräftig gewürzte Wurst. Die vegane Variante ist ebenfalls ohne Kühlung haltbar und eignet sich hervorragend zur unkomplizierten Zubereitung eines herzhaft-pikanten Couscous.

Zubereitung:

ca. 300 ml Wasser

2 (= 50 g) Schmelzkäseecken

100 g (= ca. ½ Berghaferl) Couscous

1 EL Öl

130 g (= 1 Pckg.) vegane Bratwurst Chorizo-Art

Salz

Pfeffer

Nährwert: ca. 785 kcal/345 g, 228 kcal/100 g

Wasser entsprechend der doppelten Menge an Couscous zum Kochen bringen. Die beiden Schmelzkäseecken einrühren und den Couscous einrieseln lassen. Unter Umrühren aufkochen und abgedeckt zur Seite stellen.

In der Zwischenzeit die vegane Chorizo in kleine Würfel schneiden und mit dem Öl kurz scharf in der Pfanne anbraten.

Sobald der Couscous fertig aufgequollen ist, die angebratenen Chorizowürfel unterrühren und den Couscous mit Salz und Pfeffer abschmecken.

Zutaten für Couscous mit getrockneten Tomaten (Rezept ☞ S. 109)

Unterwegs nur noch Wasser
hinzufügen

Eine mehrtägige Trekkingtour durch abgeschiedene Regionen ohne Einkaufsmöglichkeit am Wegesrand stellt besonders hohe Ansprüche an den Proviant und setzt eine sehr gute Planung voraus. Aber selbst wenn man sich auf das Allernotwendigste beschränkt und auf gefriergetrocknete Fertignahrung zurückgreift, kommt man kaum mit weniger als einem Kilogramm pro Tag für die Verpflegung aus.

Fertige Trekkinggerichte aus dem Outdoorhandel sind zwar optimal auf diese Anforderungen abgestimmt, allerdings leider auch recht teuer. Auf den folgenden Seiten finden Sie ein paar Rezeptvorschläge für Gerichte, deren Zutaten Sie bereits zu Hause zusammenstellen können und die Sie dann unterwegs im besten Fall, ähnlich wie bei der Fertigtrekkingnahrung, nur noch mit heißem Wasser zu übergießen brauchen.

Einige Gerichte müssen zwar zusätzlich noch ein paar Minuten kochen, dafür haben Sie aber freie Hand bei der Wahl von Zutaten sowie Gewürzen und wissen genau, was Ihnen „in die Tüte“ kommt.

Mie-Nudeln mit Walnuss und Petersilie

Nur Wasser heiß machen und ein paar Minuten ziehen lassen. Aus Mie-Nudeln, Walnüssen, getrockneter Petersilie und geriebenem Hartkäse gelingt ohne Aufwand eine einfache, selbst gemachte Trekkingmahlzeit mit Zutaten aus dem Supermarkt.

Zubereitung zu Hause:

85 g (= ca. 1 Block) Mie-Nudeln
40 g Walnüsse
15 g (= ca. 3 EL) geriebener und getrockneter Hartkäse
1 TL getrocknete Petersilie
¼ EL Salz
¼ TL Pfeffer
Alle Zutaten und Gewürze in einem Zipper-Gefrierbeutel mischen.

Zubereitung unterwegs:

250 ml Wasser

Nährwert: ca. 655 kcal/150 g, 437 kcal/100 g

Das Wasser zum Kochen bringen. Falls es der Transport im Rucksack noch nicht erledigt hat, den Mie-Nudelblock in kleinere Teile brechen. Alle Zutaten zusammen in einen Topf geben und mit etwa 250 ml heißem Wasser übergießen. Anschließend abgedeckt etwa 3-4 Minuten ziehen lassen und währenddessen ein paarmal umrühren.

☺ Greifen Sie nicht zu Hartkäse aus dem Kühlregal, sondern nehmen Sie einen geriebenen, getrockneten Hartkäse aus der Streudose, der auch ohne Kühlung haltbar ist.

Couscous mit getrockneten Tomaten

Couscous, getrocknete Tomaten und ein paar Gewürze – fertig ist die selbst gemachte Trekkingmahlzeit aus dem Supermarkt. Unterwegs braucht dann nur noch heißes Wasser über den Trockenmix gegossen zu werden.

Zubereitung zu Hause:

100 g (= ca. ½ Berghaferl) Couscous
15 g (= ca. 3-4 Stück) getrocknete Tomaten
10 g (= ca. 2 EL) Tomatensoßenpulver
10 g (= ca. 2 EL) Pinien-, Sonnenblumen-, Kürbiskerne
1 TL getrocknetes Basilikum
½ EL getrockneter Oregano
½ EL Paprikapulver rosenscharf
½ EL Zwiebelgranulat
¼ EL Knoblauchgranulat
¼ EL Chiliflocken
⅛ EL Salz

Alle Zutaten und Gewürze in einem Zipper-Gefrierbeutel mischen.

Zubereitung unterwegs:
300 ml Wasser
1 EL Öl

Nährwert: ca. 534 kcal/145 g, 368 kcal/100 g

300 ml Wasser zum Kochen bringen. Die vorbereitete Couscousmischung einstreuen und 5 Minuten ziehen lassen. Währenddessen gelegentlich umrühren und zum Schluss 1 EL Öl unterrühren.

Rote Linsen mit getrockneten Tomaten

Sie brauchen nicht eingeweicht werden und sind schon nach 10 Minuten mehligweich: Rote Linsen eignen sich gut für herzhafte Trekkingeintöpfe, z. B. mit getrockneten Tomaten. Für den Extrabiss sorgen ein paar gehackte Cashewkerne als Topping.

Zubereitung zu Hause:
100 g (= ca. ⅓ Berghaferl) rote Linsen
15 g (ca. 3-4 Stück) getrocknete Tomaten
2 EL Zwiebelgranulat
1 EL getrockneter Koriander
½ EL Gemüsebrühe-Pulver

Alle Zutaten und Gewürze in einem Zipper-Gefrierbeutel mischen.

Zubereitung unterwegs:
2 EL Öl
350 ml Wasser
20 g (= ca. 1 Handvoll) Cashewkerne

Nährwert: ca. 690 kcal/155 g, 445 kcal/100 g

Das Öl in einem Topf erhitzen und die vorbereitete Linsenmischung kurz darin anrösten. Anschließend mit 300 ml Wasser ablöschen und zum Kochen bringen.

Bei reduzierter Flamme und unter gelegentlichem Umrühren für etwa 10 Minuten weiter köcheln lassen, bis die Linsen eine breiartige Konsistenz erreicht haben.

Zum Schluss mit den gehackten Cashewkernen bestreuen.

Ananas-Curry-Reis

Schnell und fruchtig: Kokosmilch(pulver), getrocknete Ananas und Curry machen Reis zu einem exotischen Geschmackserlebnis.

Zubereitung zu Hause:
100 g (= ca. ½ Berghaferl) Reis
30 g (= ca. 2-3 Handvoll) getrocknete Ananas (optional Rosinen)
30 g (= ca. 2-3 Handvoll) Erdnüsse ungesalzen
25 g (= ca. ⅓ Berghaferl) Kokosmilchpulver
½ EL Knoblauchgranulat
½ EL Ingwerpulver
½ EL Gemüsebrühe-Pulver
1 EL Currypulver

Alle Zutaten in einem Zipper-Gefrierbeutel mischen.

Zubereitung unterwegs:
400 ml Wasser

Nährwert: ca. 805 kcal/205 g, 393 kcal/100 g

Die komplette Reis-Trockenfrucht-Gewürzmischung in 400 ml Wasser einrühren, aufkochen und bei reduzierter Hitze für etwa 10 Minuten köcheln lassen, bis die Flüssigkeit komplett aufgenommen und der Reis weich ist. Dabei gelegentlich umrühren.

Kokos-Polenta mit Trockenfrüchten

Ob als Frühstück, zum Nachtisch oder einfach, wenn einen unterwegs der Heißhunger auf Süßes packt: Mit Kokosmilch zubereitete Polenta eignet sich als Mahlzeit zu jeder Tageszeit.

Zubereitung zu Hause:

80 g (= ca. ⅓ Berghaferl) Polenta
15 g (= ca. 1 Handvoll) Rosinen
15 g (= ca. 1 Handvoll) getrocknete Cranberries
30 g (= ca. ⅓ Berghafer) Kokosmilchpulver
½ EL Zimt

Für die einfache Zubereitung unterwegs alle Zutaten bis auf die Mandelsplitter bereits zu Hause mischen und in einem Zipper-Gefrierbeutel verpacken.

Zubereitung unterwegs:

ca. 450 ml Wasser
10 g Mandelsplitter

Nährwert: ca. 600 kcal/150 g, 400 kcal/100 g

Unterwegs dann 450 ml Wasser zum Kochen bringen und die Polentamischung einrühren.

Anschließend für ca. 5 Minuten bei kleiner Flamme weiter köcheln und anschließend noch 5 Minuten ziehen lassen. Dabei gelegentlich umrühren und vor dem Essen für ein bisschen Crunch mit den Mandelsplittern bestreuen.

Pilzrisotto

Mit einer Kochzeit von rund 20 Minuten gehört dieses Pilzrisotto nicht unbedingt zu den besonders brennstoffsparenden Gerichten. Dafür ist es aber kinderleicht zubereitet und die Zutaten lassen sich bereits fertig gemischt mit auf Tour nehmen.

Zubereitung zu Hause:

125 g (= ca. ⅔ Berghaferl) Risottoreis
10 g (= ca. 1 Handvoll) getrocknete Pilze, z. B. Kräutersaitlinge oder Steinpilze)
50 g (= ca. 1 Handvoll) getrocknete Tomaten
2 EL Zwiebelgranulat
1 EL Gemüsebrühe-Pulver

Die getrockneten Pilze und die getrockneten Tomaten in kleine Stücke schneiden und zusammen mit den weiteren Zutaten zum Mitnehmen luftdicht in einem Zipper-Gefrierbeutel verpacken.

Zubereitung unterwegs:

ca. 500 ml Wasser
Pfeffer
ca. 10 g geriebener Hartkäse

Nährwert: ca. 935 kcal/200 g, 468 kcal/100 g

Die Pilzrisottomischung mit etwa einem Berghaferl Wasser bedecken und unter Rühren aufkochen. Anschließend das Risotto bei schwacher Hitze insgesamt etwa 15-20 Minuten weiter köcheln lassen. Dabei in mehreren Schritten Wasser hinzufügen, sobald der Sud komplett aufgesogen wurde.

Zum Schluss mit Pfeffer abschmecken. Salz ist meist nicht erforderlich, da die getrockneten Tomaten in der Regel schon sehr salzig sind. Zum Schluss vor dem Essen mit geriebenem Hartkäse bestreuen.

Risotto mit Parmesan

Einfach gut: Mit Sahnepulver und Parmesan wird das Risotto zum schnellen, cremigen Genuss.

Zubereitung zu Hause:
125 g (= ca. ⅔ Berghaferl) Risottoreis
2 EL Sahnepulver
1 EL Zwiebelgranulat
¼ EL Gemüsebrühe-Pulver

Alle Zutaten mischen und in einem Zipper-Gefrierbeutel verpacken.

Zubereitung unterwegs:
2 EL Öl
ca. 350 ml Wasser
4 EL geriebener Parmesan
Salz
Pfeffer

Nährwert: ca. 530 kcal/190 g, 279 kcal/100 g

Das Öl in einem Topf erhitzen und die Risottomischung kurz andünsten. Anschließend mit Wasser ablöschen, bis der Reis komplett bedeckt ist, und unter Rühren aufkochen.

Nun das Risotto bei schwacher Hitze insgesamt etwa 15-20 Minuten weiter köcheln lassen. Dabei in mehreren Schritten Wasser hinzufügen, sobald der Sud komplett aufgesogen wurde.

Fertig ist das Risotto, wenn der Reis außen weich ist, innen aber noch Biss hat. Den Topf vom Kocher nehmen und das Risotto mit Salz und Pfeffer abschmecken und zum Schluss den geriebenen Parmesan unterheben.

☺ Falls es nicht auf das Gewicht im Rucksack ankommt (oder gerade ein Supermarkt in der Nähe ist), kann man den Reis nach dem Dünsten nicht mit Wasser, sondern mit einem Spritzer trockenem Weißwein ablöschen, um das Risotto zu perfektionieren.

Nudeln mit Sojagulasch

Wenn's schnell gehen soll: Diese One-Pot-Pasta ist zwar nicht unbedingt eine kulinarische Offenbarung, aber durchaus schmackhaft. Was unterwegs aber noch mehr zählt: Sie kommt mit wenigen Zutaten aus und ist im Nu zubereitet.

Zubereitung zu Hause:

125 g (=ca. 1 Berghaferl) Nudeln
50 g (= ca. 2-3 Handvoll) feine Sojaschnetzel
½ EL Gemüsebrühe-Pulver
½ EL Paprikapulver
½ EL Zwiebelgranulat
½ EL Knoblauchpulver

Alle Zutaten in einen Zipper-Gefrierbeutel geben und luftdicht verschließen.

Zubereitung unterwegs:
ca. 700 ml Wasser
1 EL Tomatenmark
Salz
Pfeffer

Nährwert: ca. 530 kcal/180 g, 294 kcal/100 g

Die Zutatenmischung aus dem Gefrierbeutel in einen Topf geben und das Tomatenmark sowie das Wasser hinzugeben. Alles gut durchmischen und unter Rühren aufkochen lassen. Anschließend auf kleiner Flamme entsprechend der auf der Nudelverpackung angegebenen Garzeit weiter köcheln lassen. Dabei regelmäßig umrühren.

Wenn die Nudeln weich sind und die Flüssigkeit beinahe vollständig aufgenommen haben, mit Salz und Pfeffer abschmecken.

Nudeln in Pilzsauce

Pilze sind neben Tomaten einige der wenigen Nahrungsmittel, die man in getrockneter Form in nahezu jedem Supermarkt findet (meist bei den Gewürzen) und eignen sich hervorragend als Grundlage für eine cremige One-Pot-Pasta.

Zubereitung zu Hause:
125 g (= ca. 1 Berghaferl) Nudeln
15 g getrocknete Pilze
20 g (= ca. 4 EL) Sahnepulver
1 EL Zwiebelgranulat
1 EL getrocknete Kräuter der Provence

Alle Zutaten zusammen in einem Zipper-Gefrierbeutel mischen und verschließen.

Zubereitung unterwegs:
350 ml Wasser
2 EL Parmesan

Nährwert: ca. 628 kcal/180 g, 349 kcal/100 g

Die Pasta-Pilz-Mischung in kaltes Wasser einrühren und für etwa 15 Minuten einweichen lassen.

Dann alles aufkochen und bei kleiner Flamme entsprechend der auf der Nudelverpackung angegebenen Garzeit weiter köcheln lassen, bis die Sauce eine cremige Konsistenz erreicht hat.

Vor dem Essen mit dem Parmesan bestreuen.

Selbst gemachtes Trockenpesto

Pasta mit Pesto Rosso ist ein Klassiker der schnellen Küche. Tomatenpesto punktet mit würzigem Geschmack und einfacher Zubereitung. Noch besser als ein fertiges Pesto im Glas aus dem Supermarktregal eignet sich eine Trockenmischung für den unkomplizierten Einsatz in der Trekkingküche. Diese lässt sich zu Hause ohne großen Aufwand zusammenstellen und braucht unterwegs dann nur noch mit ein wenig Olivenöl angerührt zu werden.

Vorbereitung der Pesto-Trockenmischung zu Hause (ca. 4 Portionen):

30 g getrocknete Tomaten
50 g gemahlene Mandeln
1 TL getrocknetes Basilikum
1 TL getrockneter Oregano
½ TL getrockneter Thymian
¼ TL Knoblauchgranulat
¼ TL Pfeffer
¼ TL Salz

Die getrockneten Tomaten in kleine Stücke schneiden und zusammen mit den gemahlenen Mandeln sowie den Gewürzen mit dem Zerkleineraufsatz der Küchenmaschine oder des Pürierstabs so lange hacken und mixen, bis sich alle Zutaten zu einem feinkörnigen Pulver vermischt haben. Die fertige

Gewürzmischung in einem Zipper-Beutel oder einer Vorratsdose luftdicht verpacken.

Das Angebot im Supermarkt umfasst unterschiedliche Arten an getrockneten Tomaten. Falls Sie keine 100-prozentig getrockneten Tomaten finden, können Sie auch halbgetrocknete („sonnengetrocknete") Tomaten verwenden. Dann sollte die Gewürzmischung aber vor dem Abfüllen noch bei etwa 60° C für 1 Stunde im Backofen oder Dörrautomaten getrocknet werden, um die Haltbarkeit zu erhöhen.

Zubereitung auf Tour:
125 g (= ca. 1 Berghaferl) Nudeln
2 EL Olivenöl
4 EL (= ca. 20 g) Trockenmischung
10 g geriebener Hartkäse

Nährwert: ca. 565 kcal/165 g, 342 kcal/100 g

Die Nudeln nach Anleitung auf der Packung zubereiten. Um etwas Brennstoff zu sparen, können die Nudeln etwa 2 Minuten vor Ende der angegebenen Garzeit von der Flamme genommen werden und dann vor dem Abgießen im heißen Wasser fertig ziehen.

Währenddessen 2 EL Olivenöl in einem zweiten Topf erhitzen und je nach Geschmack 3 bis 4 EL der Trockenpesto-Gewürzmischung einrühren und kurz anrösten.

Anschließend die gekochten Nudeln dazu geben, alles gut durchrühren und mit dem geriebenen Hartkäse bestreuen.

☺ Die Pesto-Rosso-Gewürzmischung zaubert nicht nur im Handumdrehen ein leckeres Pasta-Gericht, sondern eignet sich auch hervorragend zum Verfeinern von Instant-Kartoffelbrei (☞ nächstes Rezept) und schmeckt köstlich als Belag auf frisch gebackenem Bannock-Fladenbrot (☞ siehe Seite 148).

Cremiger Pesto-Kartoffelbrei

Passt nicht nur zu Pasta: Pesto bringt Geschmack in faden Instant-Kartoffelbrei und im Zusammenspiel mit Trockengemüse und Schmierkäse entsteht so im Handumdrehen ein cremiger, sättigender Eintopf.

Zubereitung:

15 g (= ca. 4 EL) gefriergetrocknetes Gemüse
1 Packung (= 3 Portionen) Instant-Kartoffelbrei
2 EL Trockenpesto (☞ siehe Seite 125)
2 EL Öl
1 Schmelzkäseecke (25 g)
600 ml Wasser
2 EL Röstzwiebeln

Nährwert: ca. 750 kcal/180 g, 417 kcal/100 g

Das Trockengemüse mit dem Wasser in einem Topf erwärmen und zum Kochen bringen.

Anschließend erst das Instant-Kartoffelbreipulver, dann die Schmelzkäseecke sowie das Öl und das Trockenpesto einrühren.

Etwa 5 Minuten ziehen lassen und dabei gelegentlich umrühren. Zum Schluss vor dem Essen mit den Röstzwiebeln bestreuen.

i Gefriergetrocknetes Gemüse ist praktisch nur im Internet erhältlich und vergleichsweise teuer. Alternativ kann man auch ohne großen Aufwand einen Tiefkühlgemüsemix selbst im Dörrautomat trocknen (ca. 15 Stunden bei 50° C). Das Gewicht einer 400-g-Packung Tiefkühlgemüse reduziert sich dadurch auf rund 45 g!

Süßes, Snacks & Nachtisch

Zubereitung eines Trockenfrucht-Cashew-Riegels
(Rezept ☞ S. 135)

Hin und wieder braucht der Mensch etwas Süßes und wer Tag für Tag lange Strecken mit eigener Muskelkraft zurücklegt, braucht beim Naschen nicht einmal ein schlechtes Gewissen zu haben. Zum Abschluss kommen daher noch ein paar Rezepte für Energieriegel, die als Snack zwischendurch die Leistungsreserve wieder auffüllen, sowie ein paar tolle Vorschläge für Süß- und Nachspeisen, die dabei helfen, die Laune zu heben, selbst wenn das Wetter schlecht ist, oder mit denen Sie sich für die Strapazen einer besonders harten Etappe belohnen können.

Erdnuss-Schoko-Energieriegel

Extrapower für Zwischendurch im Kleinformat: Diese selbst gemachten Powerbars stillen den Heißhunger auf Süßes und füllen den Energiespeicher im Nu wieder auf.

Zubereitung (ergibt ca. 10 Riegel):

170 g gezuckerte Kondensmilch (1 Tube „Milchmädchen“)
250 g Erdnussmus
100 g Schokotropfen
100 g Vollkornhaferflocken
½ TL Salz

Nährwert pro Riegel: ca. 293 kcal/60 g, 488 kcal/100 g

Alle Zutaten vermischen und in einer mit Backpapier ausgelegten Auflaufform oder einem tiefen Backblech verteilen und glatt streichen.

In der Zwischenzeit den Ofen auf ca. 170° C vorheizen und die Masse für 15-20 Minuten backen, bis sich die Oberfläche goldbraun färbt.

Die Masse abkühlen lassen, in zehn Riegel aufteilen und in einer Dose verstauen oder einzeln wie ein Geschenk in Backpapier verpacken.

Trockenfrucht-Cashew-Riegel

Nichts als Frucht: Diese Energieriegel aus Trockenfrüchten kommen ohne Kristallzucker aus und müssen nicht einmal gebacken werden.

Zubereitung (ergibt ca. 15 Riegel):

160 g Cashewkerne
220 g getrocknete Datteln
180 g Trockenfrüchte (z. B. Aprikosen und/oder Cranberries)
eckige Oblaten

Nährwerte pro Riegel: ca. 150 kcal/40 g, 380 kcal/100 g

Als Erstes die Cashewkerne im Food Processor oder mit dem Aufsatz für den Pürierstab klein hacken. Dann die getrockneten Datteln und Trockenfrüchte dazugeben und solange verarbeiten, bis ein leicht klebriger Brei entstanden ist.

Die Masse in eine mit Backpapier ausgelegte Auflauf- oder Kuchenform streichen. Die Oberseite mit Backpapier abdecken und mit einem geeigneten Gegenstand beschweren und für etwa 3 Stunden in den Kühlschrank stellen.

Anschließend die Oberseite mit Oblaten belegen, dem Fruchtblock stürzen und auch die andere Seite mit Oblaten bedecken.

Den von oben und unten mit Oblaten bedeckten Fruchtblock noch einmal beschweren.

Nach etwa 1 Stunde mit einem scharfen Messer in Riegel der gewünschten Größe schneiden und diese in Backpapier verpacken oder in einer Dose aufbewahren.

Milchreis im Schlafsack

Ob warm oder kalt: Milchreis schmeckt eigentlich immer und ist einfach zubereitet. Die Milch durch Milchpulver zu ersetzen, ist aber nur die halbe Miete, um den Süßspeisenklassiker „trekkingtauglich" zu machen. Der eigentliche Trick besteht darin, den Milchreis nach dem Aufkochen eingewickelt in dem Schlafsack fertig ziehen zu lassen. Das dauert zwar seine Zeit, schont aber den Brennstoffvorrat.

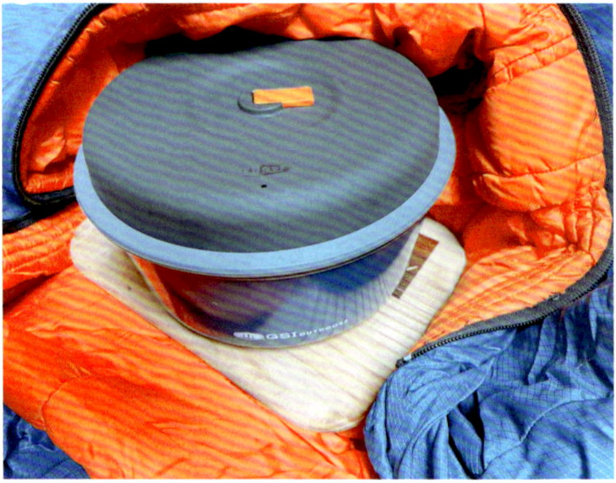

Zubereitung zu Hause:

125 g (= ca. ⅔ Berghaferl) Milchreis

50 g (= ca. 7 EL) Vollmilchpulver

1 Prise Salz

Milchreis, Vollmilchpulver und Salz mischen und in einem Zipper-Gefrierbeutel verpacken.

☺ Wer sich vegan ernährt, ersetzt Milch- durch Kokosmilchpulver.

Zubereitung unterwegs:

500 ml Wasser

3 EL Zucker

1 EL Zimt

🛈 **Nährwert:** ca. 955 kcal/180 g, 530 kcal/100 g

Das Wasser zum Kochen bringen, die Reis-Milchpulver-Mischung einrühren und auf kleiner Flamme für ca. 2 Minuten unter Rühren weiter köcheln lassen. Den Topf mit dem Deckel verschließen und auf einen hitzeunempfindlichen Untersatz, z. B. ein Frühstücksbrettchen oder ein paar Topflappen, stellen und gut in den Schlafsack einwickeln.

✋ Dabei unbedingt darauf achten, dass der Topf gerade steht und der heiße Topfboden nicht in Kontakt mit dem empfindlichen Schlafsackmaterial kommt.

Nun den Reis für etwa 2 Stunden fertig quellen lassen, bis er bissfest ist. Während der Ziehzeit zwei- bis dreimal umrühren.

Zum Schluss den Zimt mit dem Zucker vermischen und über den Milchreis streuen.

☺ Optional passt auch Apfelmus aus dem Glas oder Tetra Pak gut zum Milchreis.

Grießbrei mit Trockenfrüchten

Grießbrei zu kochen ist nicht schwer. Zusammen mit Trockenfrüchten ist so in nur 10 Minuten eine leckere, süße Nachspeise zubereitet.

Zubereitung zu Hause:

100 g Trockenfrüchte, z. B. Aprikosen
1 EL Vanillezucker
2 EL Zucker
40 g Weizengrieß
25 g Kokosflocken
40 g Vollmilchpulver

Das Backobst würfeln und zusammen mit den anderen Zutaten gut durchmischen und in einem Zipper-Gefrierbeutel oder einer dicht schließenden Dose verpacken.

Zubereitung unterwegs:
500 ml Wasser
2 EL Zucker
¼ EL Zimtpulver

Nährwert: ca. 790 kcal/210 g, 376 kcal/100 g

500 ml Wasser in einem Topf erwärmen, die Grieß-Trockenfrucht-Mischung einrühren und aufkochen, bis es blubbert.

Anschließend die Masse auf kleiner Flamme für 1 Minute unter ständigem Rühren kochen, bis ein cremiger Brei entstanden ist.

Den Topf vom Kocher nehmen, abdecken und noch etwa 5 Minuten ziehen lassen.

Vor dem Servieren mit der Zimt-Zucker-Mischung bestreuen.

Pfannkuchen (mit und ohne Eipulver)

Herzhaft oder süß? Pfannkuchen sind in jedem Fall lecker und lassen sich – eine beschichtete Pfanne vorausgesetzt – auch gut auf dem Campingkocher zubereiten.

Zubereitung der veganen Variante (ergibt je nach Dicke ca. 3-4 Pfannkuchen in einer Pfanne mit 21 cm Durchmesser):

130 g (= ca. 1 Berghaferl) Weizenmehl
1 EL Backpulver
1 Prise Salz
350 ml Wasser
optional für süße Pfannkuchen: 2 EL Zucker, ½ Pckg. Vanillinzucker

Nährwert: ca. 437 kcal/135 g, 324 kcal/100 g

Zubereitung mit Ei- und Milchpulver:

130 g (= ca. 1 Berghaferl) Mehl
25 g (= ca. 5 leicht gehäufte EL) Volleipulver
25 g (= ca. 5 leicht gehäufte EL) Milchpulver
300 ml Wasser

Nährwert: ca. 700 kcal/180 g, 389 kcal/100 g

Alle Zutaten mischen und zu einem klumpenfreien, flüssigen Teig verarbeiten.

☺ Besonders unkompliziert und sauber gelingt die Teigzubereitung, wenn Sie alle Zutaten in eine Weithalsflasche füllen, diese fest verschließen und dann kräftig schütteln.

Die beschichtete (!) Pfanne auf den Kocher stellen, etwas Öl hineingeben und dieses über die gesamte Fläche verteilen.

Die gewünschte Teigmenge in die Pfanne geben und durch Schwenken über den gesamten Boden verteilen.

Als problematisch beim Pfannkuchenbacken auf dem Gaskocher erweist sich oft die ungleichmäßige Hitzeverteilung und schnell ist der mittlere Teil des Pfannkuchens angebrannt. Drehen Sie die Flamme daher im Zweifelsfall lieber etwas kleiner und backen Sie dafür entsprechend länger.

Als Belag eigenen sich je nach Wunsch und Geschmack z. B. Schokostreusel, Zimtzucker, Apfelmus oder auch Käse.

Schneller Apple Crumble

Ob als Belohnung für eine besonders harte Etappe oder als Stimmungsaufheller bei Regenwetter: Mitunter braucht es auch auf einer Trekkingtour eine süße Belohnung und dann kommt dieser schnelle Apple Crumble, der nur eine Handvoll Apfelringe und ein paar Kekse braucht, genau richtig.

Zubereitung:

25 g (= ca. 1 Handvoll) Apfelringe
25 g (= ca. ⅙ Berghaferl) Zucker
½ EL Zimtpulver
25 ml Albaöl
3 Haferflocken-Kekse (z. B. von Brandt „Hobbits")

Nährwert: ca. 540 kcal/100 g

Die Apfelringe in kleine, etwa 0,5 cm große Würfel schneiden und den Zimt mit dem Zucker vermischen.

Die Hälfte des Öls in die Pfanne geben und erhitzen. Die Zimt-Zucker-Mischung dazugeben und sobald diese zu karamellisieren beginnt, die Apfelstücke hinzugeben und kurz weiterbraten.

In der Zwischenzeit die Kekse mit einem Löffel und einer Gabel zerdrücken und mit dem restlichen Öl vermischen. Die Keks-Öl-Mischung über die karamellisierten Apfelringstücke geben und noch etwa 1 Minute weiterbraten.

Den Apple Crumble vor dem Essen kurz abkühlen lassen.

Schokoküchlein

Auch bei einer Trekkingtour braucht niemand auf eine Kaffee-und-Kuchen-Pause zu verzichten.

Zubereitung der „Backmischung" zu Hause:
40 g (= ca. 4 TL) Mehl
1 ½ EL Zucker
1 EL Kakaopulver
1 EL Kokosraspeln

Alle Zutaten mischen und in einem Zipper-Gefrierbeutel oder einer sicher schließenden Dose verstauen.

Zubereitung unterwegs:
4 EL Wasser
2 EL Öl
optional: Puderzucker zum Bestreuen

Nährwert: ca. 480 kcal/95 g, 505 kcal/100 g

Die Mischung der trockenen Zutaten mit Öl und Wasser zu einem glatten Teig verarbeiten.

☺ Um sich den Abwasch zu sparen, können Sie Öl und Wasser direkt in den Gefrierbeutel geben und dort zu einem Teig kneten.

Den Teig zu einem flachen Fladen formen und in eine beschichtete Pfanne geben. Die Pfanne mit einem umgedrehten Topf abdecken und das Schokoküchlein auf kleiner Flamme und bei regelmäßigem Wenden insgesamt etwa 15 Minuten backen.

Milchbrötchen

In der Wildnis gibt es keinen Brötchenservice. Trotzdem muss nicht jeder Tag mit Müsli starten. Wie wäre es zur Abwechslung mit frisch gebackenen, fluffig-zarten Milchbrötchen?

Zubereitung (ca. 5 Stück):
200 g (= ca. 1 Berghaferl) Mehl
½ EL Backpulver
½ EL Salz
30 g (= ca. 4 TL) Milchpulver
20 g (= ca. 2-3 EL) Öl
ca. 150 ml Wasser

Nährwert: ca. 1.000 kcal/250 g, 400 kcal/100 g

Alle Zutaten in einen Topf geben und nach und nach mit Wasser zu einem weichen, nicht klebrigen Teig verarbeiten.

Den Teig zu etwa fünf Kugeln formen und zu kleinen Fladen platt drücken. Diese bei geringer Hitze in der Pfanne von beiden Seiten für je etwa 5 Minuten backen.

Bannock

Bannock ist ein Klassiker der Outdoorküche. Der Teig braucht nur die drei Zutaten Mehl, Backpulver und Salz und wird in der Pfanne gebacken. Fertig ist ein luftiges, lecker duftendes Fladenbrot.

Zubereitung:

130g (= ca. 1 Berghaferl) Mehl
1 EL Backpulver
1 Prise Salz
100 ml (= ca. ⅓ Berghaferl) Wasser
etwas Öl zum Backen

Nährwert: ca. 440 kcal/135 g, 326 kcal/100 g

Die Zutaten zu einem weichen Teig verkneten. Daher das Wasser nur langsam zugeben, damit der Teig nicht zu klebrig wird.

☺ Wer den Teig zubereiten möchte, ohne Geschirr und Hände dreckig zu machen, mischt Mehl, Backpulver und Salz bereits zu Hause in einem Zipper-Gefrierbeutel. Unterwegs kann das Wasser dann nach und nach direkt in den Beutel gegeben werden. So kann der Teig im Beutel geknetet werden und hat dann die richtige Konsistenz erreicht, wenn er sich vom Plastik löst.

Etwas Öl in die Pfanne geben und den Teig zu einer Kugel formen. Den Teigklumpen in der Pfanne zu einem etwa 1 cm dicken Fladen platt drücken, bis dieser die komplette Pfanne ausfüllt.

Nun das Bannock bei kleiner Hitze von jeder Seite etwa 5-8 Minuten goldbraun braten. Wie bei allen Pfannengerichten auf dem Gaskocher ist weniger meist mehr und Sie sollten die Flamme im Zweifelsfall lieber etwas niedriger drehen und entsprechend länger backen, damit der Weizenfladen nicht anbrennt.

Frisch gebackenes Bannock aus der Pfanne ist immer ein Genuss. Für noch mehr Abwechslung lässt sich das Grundrezept vielseitig variieren, z. B. mit Kräutern, Sonnenblumen- oder Pinienkernen.

Gebratene Banane deluxe

Gebratene Banane ist als süße Nascherei unkompliziert zubereitet und super lecker. Das gilt umso mehr für die Luxusversion mit Schokoladen- und Marshmallow-Füllung.

Zubereitung:

1 Banane
1 Riegel Kinderschokolade
4-5 Mini-Marshmallows

Nährwert: ca. 290 kcal/160 g, 181 kcal/100 g

Den Kinderriegel in die einzelnen Stücke brechen. Die Banane längs einschneiden und abwechselnd mit den Kinderriegel-Stücken sowie den Marshmallows füllen.

Nun die gefüllte Banane in die Pfanne legen und nach Möglichkeit mit einem umgedrehten Topf abdecken. Für etwa 8-10 Minuten bei kleiner Flamme braten, bis Schokolade und Marshmallows geschmolzen sind und die Bananenschale sich schwarz verfärbt hat.

☺ Selbstverständlich funktioniert die Füllung auch mit jeder anderen Schokoladensorte und die Banane lässt sich ebenso gut über einem Lagerfeuer oder auf dem Grill backen.

Anhang

Zutaten für Spaghetti mit Tomate und Avocado (Rezept ☞ S. 47)

Bezugsquellen

- www.gefro.de – Fertigmischungen für Suppen, Soßen und Würzen auf pflanzlicher Basis, darunter auch viele vegane, laktose- und glutenfreie Produkte
- www.sicca.de – Vollmilch-, Kokosmilch- oder Rühreipulver, diverse Trockennahrungsmittel und Fertigmischungen z. B. für Chili sin Carne oder vegetarische Bolognese
- www.vitam.de – Hefeflocken und vegane Gemüsebrühe, Saucenpulver und Gewürzmischungen (z. B. für Scrambled Tofu).
- www.veggiepur.de – große Auswahl an getrockneten Gemüsesorten
- www.justaste.de – breites Sortiment an Koch- und Backzutaten wie Vollmilch- und Kokosmilchpulver oder auch Bio-Volleipulver.

P

Q/R

S/T

V/Z

Index